紀北の廃校
― 校地の災害安全性を中心に ―

中島敦司
Nakashima Atsushi

湯崎真梨子
Yuzaki Mariko

南方新社

Seven Years

　本書は，2015年に筆者らが執筆した「熊野の廃校」の続編とでもいうものである。廃校調査は以降も継続させたが，その間にも木造校舎が壊された，現役校だった学校が廃校になった事例がいくつもあった。前作の内容を更新したい衝動に駆られるほどの速度で社会は変化していった。

　2011年，熊野地方では多数の死者を出した豪雨災害があり全国的に注目された。ところが，資料を丁寧に探っていると，それ以外の場所でも過去に繰り返し災害を受けていることが浮かび上がった。このため，和歌山の学校史を考えることにおいて，災害史と，それを乗り越えてきた人々の行動や判断に至った経緯，心情までを知る必要があった。

　和歌山県は，大枠で紀北と紀南に分けられる。前作の「熊野」は紀南と同じ範囲を示している。紀北は，一般には田辺市以北の全域のことを指すが，紀ノ川筋と海南市だけを紀北とし，以南を紀中とすることもある。前作では，紀南が豪雨災害の多発地帯であることを取り上げた。このため，本書では，未執筆の紀北に焦点を当て，災害についても掘り下げ，地球温暖化で増え続ける豪雨災害，心配される津波災害に対し，過去から学ぶことで今を生き抜くために必要な要件を抽出しようと試みた。前作と併せ読むと，その全容がわかることだろう。

　研究では，現在までに2,271か所を訪問調査し，数百を超える資料を読みあさり，学校，廃校，旧校地，尋常小学校が，いつ，どこで建てられ，その移転履歴や，なぜ移転が必要だったのか？　について調べることになった。それでも，まだ訪問できていない場所がある。とは言え，コツコツと現地調査を積み上げた結果，本書には234か所の廃校または旧校地の写真を掲載することとなった。これは，紀北のほぼ全数である。特に木造校舎については多く記録した。その他でも，ビジュアルとして分かりやすい書となるように，写真，データを多く掲載した。

　2010年に研究に着手してから，もう7年以上が過ぎた。小学校に入学した児童が中学校に入学するほどの時間だ。にも関わらず，まだまだ興味は尽きない。本書は，それらの膨大な研究データの中から，結果のみえた災害の話を抜き出して整理したものである。懐かしい木造校舎の写真も掲載した。災害大国日本における今後の学校のありようを考えるきっかけとなれば良いだろうし，無くなった学校を懐かしんで頂けるだけでも，7年を費やした研究が報われる思いである。

紀北の廃校
― 校地の災害安全性を中心に ―

目次

Seven Years　2

【第1部】
紀北の木造校舎

高野町, 九度山町, 橋本市　6
岩出市, 紀の川市, かつらぎ町　18
和歌山市　30
海南市, 旧下津町, 紀美野町　35
有田川町, 有田市, 湯浅町, 広川町　46
日高川町, 日高町, 由良町, 美浜町, 御坊市,
旧川辺町, 旧中津村, 旧美山村, 印南町, みなべ町　61

【第2部】
災害と学校

1. 校地の災害安全生評価　74
2. 災害履歴のある学校　118

【第3部】
戦争と学校

1. 和歌山市内の大空襲　152
2. 戦争時の学校生活　168

【第4部】
風土と時代の中のまなびや

1. 自立的な気概をもつ地域と学校　184
2. むかしの子どもは忙しかった　192
3. 学校の誇り　198
4. 学校の存続と新設　207
5. 神社とともに学んだ学校　227

あとがき　235
謝辞　237

小学校の名称は，学制開始後，教育制度の改定に準じて，簡易小学校，村落小学校，尋常小学校，高等小学校，国民学校などあるが，本誌では文脈上必要な場合を除き，「小学校」と呼称している。

第1部

紀北の木造校舎

高野町立 高野山小学校 高根分校 〈高野町高根〉

高嶺にそびえる緑色の屋根

昭和57年（1982年）休校（事実上の廃校）。当時の緑屋根の木造校舎は現存しており，管理もされているが利用頻度は低い。隣に消防の新しい倉庫が建築されている。国道317号から山の上に見える緑色の屋根は，遠くからでも目立つ

高野町立 高野山小学校 相ノ浦分校 〈高野町相ノ浦〉

高野街道「相ノ浦道」にたたずむ

昭和60年（1985年）休校（事実上の廃校）。敷地内に丹生神社が鎮座し，神社にはツガの見事な大木がある。薄黄色のかわいいデザインの木造校舎で，現在は相ノ浦集会所として選挙の時に利用されている他，避難所にも指定されている

高野町立 杖ヶ藪小学校 〈高野町杖ヶ藪〉

陶芸の窯元へと生まれ変わった

昭和51年（1976年）休校。平成3年（1991年）廃校。木造校舎は残存しており，陶芸の窯元として継続利用されている。昭和42年（1967年）までは，高野山中学校 杖ヶ藪分校も併設していた

高野町立 白藤小学校 〈高野町細川〉

高野街道「京大坂道」の宿場に建つ

平成9年(1997年)休校。平成17年(2005年)廃校。教室3ほか2室の木造校舎は現存しており、廃校後も選挙の時に利用している。体育館の状態は良く、避難所となっている。かつては宿場としてにぎわった街道沿いの学校

高野町立 花坂小学校 湯川分校 〈高野町湯川〉
薄ピンクのかわいい木造校舎

平成元年（1989年）休校。丹生神社の直下の学校で，非常にかわいらしい木造校舎が現存している。グラウンドも現存。グラウンドの反対側の敷地内に湯川集会場が建設（新築）され，避難所としても利用されている

九度山町立 久保小学校 〈九度山町久保〉

紀北最新の昔ながらの木造校舎

平成18年（2006年）休校（事実上の廃校）。平成29年（2017年）「森の童話館」に改修。鉱山で栄えた山上の学校で，平成13年（2001年）に火災で全焼したが，翌々年に，当時の児童1名のために旧校舎を再現した，新しいが古いタイプの木造校舎

橋本市立 高野口小学校 〈橋本市高野口町名倉〉

昭和12年に建築された現役の木造校舎

昭和12年（1937年）に建設された。日本最大級の木造校舎が現存する現役校。98メートルの廊下，瓦屋根，木の格子窓，桜の古木など，ドラマのロケにも使われたことがあるほどの貴重な校舎。現役校のため原則として見学はできない

その他の廃校／旧校地の今 〈九度山町〜高野町①〉

九度山町立 古澤小学校 旧校地
S54（1979）廃校時の校地に移転
位置：下古沢 309 辺りの住宅地

九度山町立 古澤小学校
H25（2013）廃校

九度山町立 古澤小学校 笠木分校
S36（1961）廃校
現在：笠木児童館
（建物は当時のものではない）

九度山町立 丹生川小学校
休校中

高野町立 西細川小学校
H17（2005）廃校

高野町立 高野山小学校 大滝分校
S53（1978）休校，H年（1991）廃校
S57（1972）まで中学校と併設
現在：おおたき山の学校（研修所）
（建物は当時のものではない）

その他の廃校／旧校地の今 〈高野町②～旧高野口町①〉

高野町立 筒香（つつが）小学校
H15（2003）休校
H9（1997）まで中学校と併設
現在：筒香寄合会（産品加工所）

高野町立 高野山中学校 旧校地
現在：高野山会館
（建物は当時のものではない）

高野口町立 応其（おうご）中学校
廃校
現在：防災ヘリポート

端場（はば）村立 端場小学校
S26（1951）廃校
現在：友愛児童館
（建物は当時のものではない）

高野口町立 嵯竹小学校
S48（1973）廃校
現在：嵯峨谷林業センター，山村体験交流センター
（建物は当時のものではない）

その他の廃校／旧校地の今　〈旧高野口町②〜橋本市①〉

橋本市立 山田小学校 山田分校
S53（1978）廃校
現在：山田保育所
（建物は当時のものではない）

橋本市立 岸上小学校
S53（1978）廃校
S30（1955）まで中学校を併設
現在：岸上文化センター
（建物は当時のものではない）

橋本市立 西部中学校
H28（2016）廃校

橋本市立 山田中学校
S57（1982）西部中学校に改称，移転
現在：西部地区公民館
（建物は当時のものではない）

橋本市立 山田小学校
S53（1978）廃校
現在：JA紀北川上農協橋本西部支店
（建物は当時のものではない）

橋本市立 菖蒲谷小学校
S39（1964）廃校
位置：菖蒲谷398の西にある広場

その他の廃校／旧校地の今 〈橋本市②〉

旧 紀見小学校／中学校
旧中学校は S33（1958）に廃校
その後の団地造成で再開校する
位置：紀見郵便局南の広場

橋本市立 柱本小学校 旧校地
現在地に移転
現在：たんぽぽ園（福祉学校）
（建物は当時のものではない）

橋本市立 境原小学校 旧校地
現在地に移転
位置：境原 31 付近の住宅地
（建物は当時のものではない）

橋本市立 兵庫小学校
S39（1964）廃校
現在：兵庫幼稚園（廃園）
（建物は当時のものではない）

橋本市立 山内小学校
S39（1964）廃校
現在：山内幼稚園（廃園）→ 整体院
（建物は当時のものではない）

橋本市立 清水小学校 旧校地
S30 年代の校地，現在地に移転
位置：清水 11 辺りの民地

その他の廃校／旧校地の今 〈橋本市③〉

学文路村立 学文路小学校 旧校地
S20年代の校地，現在地に移転
位置：学文路幼稚園脇の駐車場

橋本市立 学文路中学校
H28（2016）廃校

橋本市立 彦谷小学校／中学校
S62（1987）休校，H5年（1993）廃校
現在：きのくに子どもの村学園
（学校につき見学は不可）

橋本市立 彦谷小学校 旧校地
S30年代の校地，現在地に移転
位置：現在地から南に谷を下った辺り

橋本市立 橋本小学校 旧校地
H25（2013）中学校横の新校地に移転

橋本小学校 旧校地のメタセコイア
「王様の木」と呼ばれ親しまれた

打田町立 池田小学校 中畑分校 〈紀の川市中畑〉

教室1つの分校

昭和59年（1984年）休校（事実上の廃校）。校舎は現存しているが，廃屋に近い状態で利用されていない。教室内をのぞくと，最後の授業の日のまま時間が止まったかのような光景があり，机は5，黒板脇には当時の時間割がそのまま残る

紀の川市立 田中小学校 赤尾分校 〈紀の川市赤尾〉

福祉作業所として残る

平成20年（2008年）廃校。現在は「きのかわふるさと村きずな福祉作業所」として利用されている。校舎を譲り受ける際，外装と内装を一新。耐震構造も強化。旧校舎の瓦を全て外し，屋根の雨漏りを補修して再び瓦を乗せるという凝りようだったという

粉河町立 鞆淵小学校 下分校 〈紀の川市下鞆淵〉

山村留学の拠点となった

昭和52年（1977年）廃校。旧講堂を下鞆淵集会所として利用している他，旧校舎を「ともぶち山村留学センター」として利用。グラウンド内には山村留学の児童，生徒のための寄宿舎が新築されている

かつらぎ町立 **天野中学校** 〈かつらぎ町志賀〉

高野山に向かう国道沿い

昭和36年（1961年）廃校。当時の講堂を集会所として利用。校舎は西側にあり，北側の道路脇には教員住宅があった。新城の生徒は，山越えで1時間以上かけて通学したという

花園村立 花園小学校 〈かつらぎ町花園新子〉

見事な棚田の横にある

昭和39年（1964年）廃校。校舎は野外活動施設「新子（あたらし）ふるさと村」として活用。懐かしのトーテムポールが1本立っているが，平成17年（2005年）の来訪者による製作である。学校の横には，川沿いの特徴ある棚田が耕作されている

かつらぎ町立 梁瀬小学校 〈かつらぎ町花園梁瀬〉

休校から復活した現役校

平成23年（2011年）休校。ところが，平成25年（2013年）にIターン者と地元の1～3年生の女子4人が入学し，再開。珍しい事態となった。敷地内の丹生神社とともに過ごしてきた学校で，校舎は非常に趣がある。対岸の山上からみると，その趣がよくわかる

その他の廃校／旧校地の今 〈岩出市〜紀の川市①〉

岩出町立 山崎小学校 境谷分校
S46（1971）廃校
現在：境谷集会所
（建物は当時のものではない）

池田村立 池田小学校 三谷分校
戦後まもなく廃校
位置：中三谷にある製材所の北側付近
（建物は当時のものではない）

池田村立 豊田小学校
戦後まもなく廃校
現在：登尾のラジコンサーキット場

紀の川市立 田中小学校 高野分校
H23（2011）廃校

紀の川市立 粉河中学校 旧校地
H25（2013）現在地に移転

紀の川市立 竜門小学校 旧校地
H26年（2014）現在地に移転
現在：校舎は取り壊されている

その他の廃校／旧校地の今 〈紀の川市②〉

粉河町立 鞆淵小学校下分校 旧校地
S35（1970）廃校時の校地に移転
現在：大善集会所／大善寺
（建物は当時のものではない）

粉河町立 鞆淵小学校 上分校
S52（1977）廃校
現在：上鞆淵集会所
（建物は当時のものではない）

那賀町立 王子小学校
S33（1958）廃校
現在：藤崎 315 付近にある会社の事務所と民地
かわいらしい木造建築物があるが，学校当時のものではなないとの証言もあり不明

那賀町立 那賀小学校
S33（1958）廃校
現在：那賀児童会館
（建物は当時のものではない）

那賀町立 名手小学校 旧校地
現在地に移転
現在：名手保育所
（建物は当時のものではない）

その他の廃校／旧校地の今　〈紀の川市③〉

那賀町立 上名手小学校 名手上分校
H20（2008）廃校
位置：名手上 77 付近の空き地と果樹園

那賀町立 麻生津（おうづ）中学校
S40（1965）廃校
位置：西脇 588 の繊維工場跡
旧校舎は工場に使われた

桃山町立 桃山中学校
H18（2005）廃校
現在：体育館は避難所として，グラウンドはスポーツ利用が継続している

紀の川市立 桃山小学地
H20（2008）廃校

桃山町立 桃山小学校 黒川分校
S49（1974）廃校
位置：黒川郵便局の裏山中腹の空き地

その他の廃校／旧校地の今 〈紀の川市④〉

桃山町立 桃山小学校 野田原分校
H5（1993），休校，H12（2000）廃校
現在：介護予防拠点施設「蛍の里」

池田村立 池田小学校 三谷分校
S47（1972）廃校時の校地に移転
現在：中尊寺／薄木神社
（建物は当時のものではない）

桃山町立 細野小学校
H2（1990）休校（事実上の廃校）
S46（1971）まで中学校を併設
現在：丹生神社（桃山町垣内）

かつらぎ町立 四郷小学校 東谷分校
S46（1971）廃校
現在：東谷ふるさとセンター（公民館）
（建物は当時のものではない）

かつらぎ町立 四郷小学校
H24（2012）廃校
現在：地域交流センター「ともがき」

紀の川市立 竜門小学校 旧校地
H3年（1991）現在地に移転
現在：大谷179の民地
（民地につき見学は不可）

その他の廃校／旧校地の今　〈かつらぎ町①〉

かつらぎ町立 妙寺小学校 丁ノ町分校
S40（1965）廃校
現在：丁ノ町児童会館
（建物は当時のものではない）

かつらぎ町立 妙寺小学校 旧校地
S42（1967）隣接する現在地に移転
現在：妙寺幼稚園
（建物は当時のものではない）

かつらぎ町立 妙寺小学校 畑野分校
H17（2005）休校，H20（2008）廃校
位置：短野（みじかの）850 の空き地
プールは現存する

かつらぎ町立 見好中学校
S35（1961）廃校
現在：東渋田 620 の食品工場
（当時の痕跡が一部で残る）

かつらぎ町立 四邑（よむら）小学校
24年（2012）廃校
現在：四邑公民館

かつらぎ町立 三谷小学校
H25（2013）廃校
現在：三谷こども園
（こども園につき見学は不可）

その他の廃校／旧校地の今 〈かつらぎ町②〉

かつらぎ町立 天野小学校
H25（2013）廃校
現在：地域交流センター「ゆずり葉」

かつらぎ町立 志賀小学校
H24（2012）廃校
現在：志賀児童会館

かつらぎ町立 新城小学校
H24（2012）廃校
現在：新城地区交流センター
（建物は当時のものではない）

花園村立 有畑（ありせ）小学校
S56（1981）休校，H3（1991）廃校
S56（1981）までは中学校を併設
位置：中南8のラベンダー公園

かつらぎ町立 花園中学校
H21（2009）休校
現在：私立の小中一貫学校の計画中

紀の川市立 竜門小学校 旧校地
H12（2000）頃，廃校時の校地に移転
現在：社会福祉施設「花園こむぎの郷」
（建物は当時のものではない）
（管理地につき見学は不可）

和歌山市立 山口小学校 滝畑分校 〈和歌山市滝畑〉
蛍が乱舞する里にたたずむ

平成4年（1992年）休校（事実上の廃校）。イチョウとメタセコイアに囲まれた，低学年（1〜4年生）が通った小さな分校。校庭も含めて現存しており，滝畑集会所として選挙の時に利用されていたが，今は未利用となっている

和歌山市立 安原小学校 吉原分校 〈和歌山市吉原〉

和歌山市で最後まで使われた木造校舎

平成30年（2018年）休校。和歌山市内で最後まで木造校舎を使い続けた，低学年が通う小さな分校。そのデザインはかわいらしく，廃校マニアの間でも「最後の木造現役校」として人気があったが，とうとう休校になった。創立から145年目のことであった

その他の廃校／旧校地の今 〈和歌山市①〉

和歌山市立 加太小学校 大川分校
S39（1964）休校，S62（1987）廃校
現在：大川集会所
（建物は当時のものではない）

和歌山市立 加太中学校 旧校地
S27（1952）現在地に移転
現在：紀州加太オートキャンプ場

和歌山市立 西脇中学校 旧校地
S57（1982）現在地に移転
位置：西庄1037付近のテニスコート，当時の壁は残る

和歌山市立 松江小学校 旧校地
S39（1964）現在地に移転
位置：金属工場の北門近くのタンク下
（工場地内であり見学はできない）

和歌山市立 湊小学校 旧校地
S30（1955）現在地／戦災校地に再移転
位置：金属工場の南門近く
（工場地内であり見学はできない）

その他の廃校／旧校地の今 〈和歌山市②〉

和歌山市立 雄湊（おのみなと）小学校
H29（2017）廃校
現在：東京医療保健大学看護学部
（写真は改修前の校舎）

和歌山市立 城北小学校
H29（2017）廃校
現在：伏虎義務教育学校
（写真は取り壊し前の校舎）

和歌山市立 本町小学校
H29（2017）廃校
現在：和歌山信愛大教育学部 準備中
（写真は取り改修前の校舎）

和歌山市立 伏虎（ふっこ）中学校
H29（2017）廃校
現在：和歌山県立医科大薬学部 準備中
（写真は取り壊し前の校舎）

和歌山市立 雑賀崎小学校 旧校地
S37（1962）現在地に移転
位置：雑賀崎北浦 1612 の空き地

和歌山市立 雑賀崎小学校 田野分校
S21（1946）廃校
位置：西浜 16 の民地（企業）
（民地につき見学は不可）

その他の廃校／旧校地の今　〈和歌山市③〉

和歌山市立 紀伊小学校 小豆島分校
H21（2009）休校（事実上の廃校）

紀伊村立 紀伊小学校 小豆島分校 旧校地
S33（1953）廃校時の校地に移転
位置：小豆島 227 付近の民地
（民地につき見学は不可）

和歌山市立 三田小学校 旧校地
S38（1963）現在地に移転
現在：和歌山市役所 三田連絡所
（建物は当時のものではない）

和歌山市立 安原中学校
S35（1960）廃校
現在：児童養護施設 和歌山市旭学園
（建物は当時のものではない）
（学校につき見学は不可）

和歌山市立 河南中学校
S55（1980）廃校
現在：河南総合体育館
（建物は当時のものではない）

海南市立 内海小学校 冷水分校 〈海南市冷水〉

かわいい校舎が遠くからでも目立つ

平成24年(2012年)休校。海岸沿いの学校であるが、集落内の丘の上にあり、津波の心配は小さいとみられる。開校当時は1～3年生のみが通学する小さな分校で、現存するかわいらしい校舎は遠くからでも目立つ

海南市立 巽小学校 別所分校 〈海南市別所〉

いぶし銀の木造校舎

平成10年（1998年）休校，平成15年（2003年）廃校，別所児童会館となる。隣接する願成寺境内で発足。昭和29年（1954年）に建設されたかわいらしいデザインの木造校舎の状態は良い

紀美野町立 毛原小学校（旧校地）〈紀美野町毛原中〉

とにかく長い開放廊下

平成24年（2012年）長谷毛原中学校の校地に移転。昭和28（1953年）7・18水害で小西の旧校地が流失。昭和29年（1954年）に移転し，新築した木造校舎の非常に長い片廊下には圧倒される。平成13年（2001年）に新築された校舎と体育館も状態がよい

美里町立 長谷(はせ)小学校 〈紀美野町長谷宮〉

黄色のかわいい木造の講堂

平成6年(1994年)廃校。地図には「長谷毛原地区長谷宮分館」と記載されているが，看板もはがれている状態。鉄筋校舎の玄関は，旧木造校舎のものを利用していたようで，趣がある。木造の講堂が現存している。状態は悪いが，黄色に塗られたデザインは良い

第1部　紀北の木造校舎

美里町立　国吉小学校（旧校地）〈紀美野町田〉
楽しい管理人さんのいる研修所

校区の国吉中学校が廃止された昭和63年（1988年）に中学校の校舎に移転。この小学校の校舎は研修所（セミナーハウス未来塾）へと移管された。管理人さんが楽しい研修所だ。隣接する丹生神社には，樹齢500年程度のスギの大木が2本，クスノキの大木が現存

美里町立 上神野小学校 上ヶ井(あげい)分校 〈紀美野町上ヶ井〉

JAZZが聞こえる

昭和62年(1987年)廃校。当時は1〜5年生の分校で,6年生は本校に通った。平成12年(2000年)頃から,JAZZミュージシャンS氏らが管理するようになり,音楽スタジオやアトリエとして活用している。個人所有のため,立ち入り,見学は不可

その他の廃校／旧校地の今 〈海南市①〉

海南市立 第一中学校
H23年（2011）廃校
現在：海南スポーツセンター
（写真は改修前の校舎）

海南市立 大野小学校 旧校地
S57（1982）現在地に移転
現在：大野公民館
（建物は当時のものではない）

海南市立 亀川小学校 旧校地
S47（1972）隣接する現在地に移転
現在：亀川公民館
（建物は当時のものではない）

海南市立 巽小学校 東畑分校
S62（1987）休校，H24（2012）廃校
現在：東畑地区集会所
（写真は取り壊し前の木造校舎）

海南市立 野上中学校
S45（1970）廃校
位置：野上新橋西詰の北西の丘の上

海南市立 北野上中学校
S45（1970）廃校
現在：北野上公民館
（建物は当時のものではない）

その他の廃校／旧校地の今　〈海南市②〜旧下津町①〉

海南市立 北野上小学校 七山分校
休校中（実質上の廃校）

七山分校 旧校地
S51（1976）現在地に移転
位置：七山 813 の集合店舗の道の反対側

海南市立 南野上小学校 野上新分校
S38（1963）廃校
現在：菓子工房 / 野上新児童会館
（建物は当時のものではない）

海南市立 大崎小学校
H24（2012）廃校

海南市立 塩津小学校
H27 年（2015）休校
現在：住民によるカフェが開店

下津町立 加茂第一小学校 旧校地
S41（1966）隣接する現在地に移転
現在：加茂川幼稚園
（建物は当時のものではない）
（幼稚園につき見学は不可）

その他の廃校／旧校地の今 〈旧下津町②〜紀美野町①〉

海南市立 加茂第二小学校
H22年（2010）廃校
現在：加茂第二幼稚園（廃園）

海南市立 仁義（にんぎ）小学校
H21（2009）廃校
併設の下津第三中学校も廃校

野上町立 野上中学校 旧校地
S33（1953）現在地に移転
現在：きみのこども園
（建物は当時のものではない）
（こども園につき見学は不可）

紀美野町立 野上小学校 柴目長谷分校
休校中

野上町立 小川小学校 吉野分校
63（1988）廃校
現在：吉野集会所
（建物は当時のものではない）

美里町立 真国小学校 花野原分校
S59（1984）廃校
現在：花野原集会所
（建物は当時のものではない）

その他の廃校／旧校地の今 〈紀美野町②〉

美里町立 真国小学校
H17（2005）休校（事実上の廃校）
現在：りら創造芸術高等学校
（学校につき見学は不可）

真国小学校 旧校地
廃校時の校地に移転
現在：真国丹生神社／真国児童会館
（建物は当時のものではない）

紀美野町立 志賀野小学校
H20年（2008）休校（事実上の廃校）
現在：りら創造芸術高等学校 第二校舎
（学校につき見学は不可）

野上町立 志賀野小学校 旧校地
S44（1969）廃校時の校地に移転
位置：西野丹生神社の西隣

野上美里組合立 不動中学校
S36（1961）組合を解消
S58（1983）美里中学校の現在地に移転
現在：東野 285-1 の若草広場

美里町立 毛原小学校 勝谷分校
S53（1978）休校, S58（1983）廃校
現在：勝谷集会所
（建物は当時のものではない）

その他の廃校／旧校地の今 〈紀美野町③〉

美里町立 下神野小学校 旧校地
S40（1970）頃，廃校時の校地へ移転
位置：神野市場 390 付近の住宅地

美里町立 下神野小学校 箕六分校
S59（1984）休校，S61（1986）廃校
位置：箕六トンネルの真上の山上の空き地

紀美野町立 上神野小学校
H18（2006）休校，H27（2015），廃校
現在：鎌滝集会所

美里町立 国吉小学校
H10（1998）休校，H15（2003）廃校
現在：慶風高校
（学校につき見学は不可）

長谷毛原村立 毛原小学校 旧校地
S29（1954）山上の旧校地へと移転
現在：小西研修所
S28（1953）の 7・18 水害で流失，移転
（建物は当時のものではない）

紀美野町立 毛原小学校／中学校
H29（2017）休校

清水町立 安諦(あで)小学校 押手分校 〈有田川町押手〉

和歌山で最もかわいらしいと評判の木造校舎

平成12年(2000年)休校，成17年(2005年)廃校。赤い屋根に水色のペンキに塗られた木造校舎が現存。和歌山でもっともかわいらしい木造校舎だとの評判もある。学校の下には丹生大明神がひっそりと祀られている

第1部　紀北の木造校舎

清水町立 安諦（あで）中学校 沼谷分校 〈有田川町沼谷〉

7・18水害で流失した

昭和54年（1979年）廃校。改築して沼谷公民館として利用。高齢化の集落のせいか，葬儀場も兼ねる。昭和28年（1953年）の7・18水害では，河床が10 mも上がる土石流が地区で発生。学校も流失してしまった

清水町立 八幡小学校 宮川分校 〈有田川町宮川〉

7・18水害を危うく免れた

昭和61年（1986年）休校，平成3年（1991年）廃校。乗泉寺に設置された2室（1室は職員室）の小さな分校。昭和28年（1953年）の7・18水害では無事だったが，地区では土石流が発生し，学校前の川の河床は10 mも上昇した

清水町立 八幡小学校 遠井分校 〈有田川町遠井〉

天空の集落に建つ

昭和56年(1981年)休校,昭和61年(1986年)廃校。現在は遠井コミュニティセンター(旧校舎の半分を撤去して建て替え)として利用している他,「集会所・山椒の里」として調理関係の活動をしている。天空の里の遠井は「ぶどう山椒」の里である

清水町立 城山東小学校 〈有田川町日物川〉

イヌマキの巨樹が生える

平成9年（1997年）休校（事実上の廃校）。現在は日物川コミュニティセンターとして利用されている。校内にはイヌマキの巨樹（和歌山県天然記念物，町指定文化財）がある

清水町立 下湯川小学校 〈有田川町上湯川〉

状態の良い木造校舎

平成3年（1991年）休校，平成8年（1996年）廃校。現存する校舎の状態は良く，下湯川ふるさと村（集会所）として利用されている。グラウンドはヘリポートとして利用

その他の廃校／旧校地の今　〈有田市〜有田川町①〉

有田市立 初島中学校 旧校地
H16（2004）現在地へ移転
現在：「和歌山クラブ」の看板あり（詳細不明），グラウンドは中学校が継続利用

有田市立 箕島第二小学校 矢櫃（やびつ）分校
S38（1963）廃校
現在：矢櫃公民館
（建物は当時のものではない）

吉備町立 吉備中学校 旧校地
S44（1969）現在地へ移転
現在：有田川町地域交流センター ALEC（建物は当時のものではない）
旧校庭では弥生時代後期の遺跡が見つかっている

その他の廃校／旧校地の今 〈有田川町②〉

金屋町立 石垣小学校 旧校地
S60 (1985) 現在地へ移転
位置：県営吉原住宅
（建物は当時のものではない）

金屋町立 石垣小学校 糸川分校
H 3 (1991) 廃校
位置：糸川集会所
（建物は当時のものではない）

有田川町立 修理川小学校
H24 (2012) 休校（事実上の廃校）
現在：生活介護事業所しゅり / 障害福祉サービス事業所）
（管理地につき見学は不可）

金屋町立 修理川小学校 宇井苔分校 / 石垣中学校 宇井苔分校
両校とも S61 (1986) 休校, H 3年 (1991) 廃校
現在：道の駅「しらまの里」/ 宇井苔集会所（建物は当時のものではない）
S28 (1953) の7・18水害で流失（土石流の直接被害）

その他の廃校／旧校地の今 〈有田川町③〉

有田川町立 上六川小学校
H22（2010）廃校
現在：指定避難所

金屋町立 丹生小学校
S40（1965）廃校
現在：生石公民館
（建物は当時のものではない）

金屋町立 鳥屋城小学校 旧校地
H12（2000）旧金屋中学校校地へ移転
現在：有田川町役場金屋庁舎
（建物は当時のものではない）

金屋町立 鳥屋城小学校 長谷川分校
S38（1963）廃校
位置：長谷川集会所の裏（川側）
（建物は当時のものではない）

金屋町立 五西月（さしき）中学校 本校
S52（1977）廃校
位置：西ケ峯246の空き地

有田川町立 五西月（さしき）小学校
H27（2016）休校
S55（1977）まで中学校を併設

その他の廃校／旧校地の今 〈有田川町④〉

金屋町立 北小学校
H15（2003）廃校
現在：指定避難所

五西月村立 北小学校 旧校地
S27（1952）廃校時の校地に移転
現在：畦田文化センター
（建物は当時のものではない）

有田川町立 生石（おいし）小学校
H20（200）休校（事実上の廃校）
現在：生石高原すすきの里加工組合
（管理地につき見学は不可）

金屋町立 生石（おいし）小学校 旧校地
S37（1962）廃校時の校地に移転
現在：生石地区へき地集会所
（建物は当時のものではない）

金屋町立 早月小学校
H17（2005）休校（事実上の廃校）
現在：福祉施設「早月農園」
（管理地につき見学は不可）

金屋町立 谷小学校
S62（1987）廃校
位置：谷八幡宮前の空き地

その他の廃校／旧校地の今 〈有田川町⑤〉

金屋町清水町組合立 岩倉中学校
S52（1977）廃校
現在：金属系企業
（建物は当時のものではない）
（管理地につき見学は不可）

岩倉中学校 旧校地
S28（1953）流失，廃校時の校地に移転
位置：岩野河453付近の農地

金屋町立 峯口小学校
H9（1997）休校，H14（2002）廃校
現在：岩倉公民館

有田川町立 粟生（あお）小学校
H27（2015）休校

有田川町立 白馬中学校
H30（2018）廃校

清水町立 五郷（いさと）小学校
H15（2003）休校（事実上の廃校）
現在：五郷コミュニティセンター
（建物は当時のものではない）

その他の廃校／旧校地の今 〈有田川町⑥〉

清水町立 城山西小学校 三瀬川分校
S47（1972）廃校
位置：三瀬川地区の最上部

有田川町立 楠本小学校
H26（2014）休校

清水町立 八幡中学校 楠本分校
S52（1977）廃校
位置：町営住宅の敷地
（建物は当時のものではない）

清水町立 楠本小学校 沼分校
H8（1996）休校（事実上の廃校）

清水町立 八幡小学校 三田分校
H15（2003）休校（事実上の廃校）

清水町立 八幡（やはた）中学校 旧校地
H39（1964）現在地に移転
現在：ふるさとキャンプ場

その他の廃校／旧校地の今 〈有田川町⑦〉

清水町立 下湯川小学校 上湯川分校
S61（1986）休校，H 3（1991）廃校

清水町立 久野原小学校 室川分校
S54（1979）廃校
中学校を併設（同時に廃校）
位置：室川へき地集会場跡地

有田川立 安諦（あで）小学校
現役校（2018年現在）
特記：山村留学を実施し，学校と地区の存続をはかっている
（学校につき見学は不可）

有田川町立 安諦（あで）中学校
H23（2011）休校

清水町立 安諦（あで）小学校 沼谷分校
S60（1985）休校，H 2年（1990）廃校
位置：大蔵神社の対岸の空き地
S28（1953）の7・18水害で旧校舎は流失

その他の廃校／旧校地の今 〈湯浅町〉

湯浅町立 田栖川小学校 吉川分校
現役校（2018年現在）
（学校につき見学は不可）

湯浅町立 田栖川小学校 吉川分校 旧校地
S51（1976）現在地に移転
現在：吉川憩いの家

湯浅町立 田栖川小学校 田分教場
S52（1977）独立，現在地に移転
位置：田449付近の住宅地

湯浅町立 山田小学校 旧校地
S55（1980）現在地に移転
現在：山田公民館
（建物は当時のものではない）

湯浅町立 湯浅小学校 旧校地
S39（1964）現在地へ移転
位置：湯浅1442付近の住宅地

湯浅町立 湯浅中学校 旧校地
S39（1964）現在地へ移転
位置：湯浅1447付近の住宅地

その他の廃校／旧校地の今 〈広川町〉

広川町立 南広小学校 西広分校
現役校（2018 年現在）
（学校につき見学は不可）

広川町立 南広小学校 井関分校
H28（2016）休校

南広小学校 井関分校 旧校地
H 5（1993）現在地に移転
位置：井関 306 の空き地

広川町立 津木小学校 前田分校
S41（1966）廃校
現在：前田公民館

広川町立 津木小学校 岩淵分校
S59（1984）廃校
現在：青少年の家
（建物は当時のものではない）

第1部　紀北の木造校舎

美山村立 上初湯川(かみうぶゆがわ)小学校 〈日高川町上初湯川〉

内装がスゴイ木造校舎

昭和62年（1987年）廃校。現在は、「上初湯川ふれあいの家」として利用。校舎の保存状態は、木造校舎としては極めて良い。廊下や天上に使っている材木も「さすが美山」と言いたくなるほどの上質なものばかり

日高町立 内原小学校 池田分校 〈日高町池田〉

資料が乏しく謎の多い

昭和35年（1960年）本校の内原小学校に新校舎完成し移転，分校は廃止される。非常に情報の少ない学校で，地理院の地図にも学校の記載がない。町史の中に辛うじて設立年と廃止年を見つけることができた程度だった

印南町立 梛川(ほくそがわ)小学校 〈印南町梛川〉

重厚なデザインの講堂が残る

平成18年(2006年)廃校。校舎は現存しておらず,グラウンドも更地となっている。現存する旧講堂は,梛川集会所として利用されている。そのデザインは重厚で,遠くからでも目立つ

印南町立 真妻（まづま）小学校 〈印南町真妻〉

真妻ワサビの生まれ故郷

平成21年（2009年）廃校。木造の講堂はピンクにペンキ塗りされかわいらしい。この地区は高級ワサビとして名高い「真妻」の生まれ故郷。明治時代に豪雨災害で，有名な産地の伊豆が壊滅状態になり，この地で見つけたワサビを持って行って増やし，高い評価を受ける

その他の廃校／旧校地の今 〈由良町〉

由良町立 衣奈小学校 三尾川分校
S58（1983）廃校
現在：三尾川集落センター
（建物は当時のものではない）

由良町立 衣奈中学校
H21（2009）廃校
現在：衣奈コミュニティセンター

由良町立 衣奈小学校 小引分校
S58（1983）廃校
位置：小引 614
（民地につき見学は不可）

由良町立 白崎中学校
H21（2009）廃校

由良町立 由良港中学校
近接する由良中学校の校地に移転
位置：阿戸 771 付近

由良町立 畑小学校
H24（2012）廃校
現在：ゆらこども園
（建物は当時のものではない）
（こども園につき見学は不可）

その他の廃校／旧校地の今 〈日高町〉

日高町立 比井崎中学校
S33（1958）廃校
現在：日高町地域振興株式会社

日高町立 阿尾小学校
H 6（1994）廃校
現在：軽費老人ホーム「博愛みちしお」
（管理地につき見学は不可）

日高町立 志賀小学校 旧校地
現在地に移転
現在：日高町立スポーツ施設武道館
（建物は当時のものではない）

日高町立 内原小学校 旧校地
S35（1960）現在地に移転
位置：萩原 407 の広場

日高町立 内原中学校
S33（1958）廃校
位置：高家 492 の畑

日高町立 原谷小学校
S47（1972）廃校
現在：内原保育所
（建物は当時のものではない）

その他の廃校／旧校地の今 〈美浜町〜御坊市〉

美浜町立 三尾小学校
H20（2008）廃校
現在：三尾コミュニティセンター

御坊市立 野口小学校 旧校地
S49（1974）現在地に移転
現在：JA野口の駐車場

御坊市立 河南中学校 旧校地
現在地に移転
位置：北塩屋658付近の住宅地
（民地につき見学は不可）

御坊市立 御坊中学校 旧校地
現在地に移転
位置：現在の市役所の南

御坊日高川組合立 大成中学校 旧校地
現在地に移転
位置：土生1207の空き地，正門と体育館は残る
校門跡には女子文化学園の名前もある

その他の廃校／旧校地の今 〈旧川辺町〜旧中津村〉

川辺町立 中津川小学校
S45（1970）廃校
現在：ZTV日高川支局
（建物は当時のものではない）
（管理地につき見学は不可）

川辺町立 早藤（はいくず）小学校
S45（1970）廃校
現在：役場早蘇支所（閉鎖）
（建物は当時のものではない）

中津村立 船津小学校 旧校地
H6（1994）現在地に移転
現在：福祉施設
（管理地につき見学は不可）

中津村立 高津尾小学校
H17（2005）廃校

中津村立 船着中学校
H17（2005）廃校

中津村立 川中第一小学校
H17（2005）廃校

第1部　紀北の木造校舎

その他の廃校／旧校地の今　〈旧中津村〉

中津村立 大星小学校
H17（2005）廃校
現在：和歌山県福祉事業団「作業所あおぎ園」
（管理地につき見学は不可）

中津村立 大星小学校 旧校地
S56（1981）廃校時の校地に移転
現在：大星ゲートボール場
（建物は当時のものではない）

中津村立 子十浦（こそうら）小学校
H17（2005）廃校

子十浦（こそうら）小学校 旧校地
S48（1973）廃校時の校地に移転
位置：姉子136のムクノキの巨木の裏

その他の廃校／旧校地の今　〈旧美山村〉

美山村立 愛徳中学校
H16（2004）廃校
現在：特別養護老人ホーム「美山の里」
（管理地につき見学は不可）

美山村立 串本小学校
S56（1981）椿山ダム水没で廃校
位置：串本橋の下流，左岸側
（危険につき見学は困難）

美山村立 笠松小学校 猪谷分校
H53（1978）休校（事実上の廃校）
現在：美山療養温泉館／猪谷集会所
（建物は当時のものではない）

美山村立 寒川（そうがわ）中学校
S16（2004）廃校

その他の廃校／旧校地の今 〈印南町〉

印南町立 山口小学校
H17（2005）廃校
位置：山口 667 の空き地

印南町立 稲原西小学校
H20（2008）廃校
位置：明神川 437 の空き地

印南町立 切目中学校 旧校地
H11（1999）清流中学校の校地に移転
位置：羽六 778 の空き地

印南町立 真妻中学校
H11（1999）清流中学校の校地に移転
位置：田ノ垣内 196 の住宅地
（民地につき見学は不可）

印南町立 上洞（かぼら）小学校
H21（2009）廃校
現在：上洞生活改善センター
（建物は当時のものではない）

その他の廃校／旧校地の今 〈みなべ町〉

南部町立 岩代中学校
S40（1965）廃校
位置：JR岩代駅前の空き地

岩代小学校 旧講堂
滝地区の十輪寺に移築，年代不明

南部川村立 城西（じょうせい）小学校
S55（1980）廃校，高城小学校創立
現在：高城高齢者センター
（建物は当時のものではない）

みなべ町立 高城中学校 旧校地
H3（1991）現在地に移転
現在：養護老人ホームときわ寮梅の里
（管理地につき見学は不可）

南部川村立 嶋ノ瀬小学校
S55（1980）廃校
現在：島瀬会館
（建物は当時のものではない）

みなべ町立 清川中学校
H26（2014）廃校

第 2 部

災害と学校

1．校地の災害安全性評価

（1）校地の安全性評価に着手した理由

　本書を執筆するきっかけのひとつには「学校という場所は災害安全性の高い場所に立地しているのであろう」という仮説を持ったことが発端であった。「廃校マニア」であることが高じて廃校本を書こうとしたわけではない。というのは，学校が避難所に指定されていることは多いし，廃校になった学校の校舎ですら避難所として継続利用されていることが多いからだ。山間部の廃校では，廃校になる前から「指定避難所」という看板が掛けられていることをよく目にする。
　このような状況から，学校という場所は，さぞかし災害安全性が高いのだろうと考え，現役の学校，廃校はもちろん，学校が創立された明治期の学校にまで遡り，調べられる限りで位置を調べ，現地を訪れ，その場所の状況を実際に把握するという途方も無い作業に取りかかったのは，平成23年（2011年）のことであっ

僻地避難所の看板

た。それは、ちょうどその年に、東日本大震災があり、また、筆者らの暮らす紀伊半島では「紀伊半島大水害」の未曾有の豪雨による甚大な災害が発生したことを受けてのことでもあった。知人が被災され、お宅が土砂に埋まり、不自由な避難所ぐらしを余儀なくされておいでの状況を目にし、避難所にとって必要な要件とはなんだろう？　という漠然とした疑問が研究を後押しした。

　学校という場所には、なにより広いスペースがある。教室だけでなく、校庭もある。ということは、学校を避難所だと位置づけた場合「収容力が大きい」という機能を得ることになる。日頃から多数の子どもが通う場所であるため、トイレも多い。給食室や調理室を備えていることもある。校庭には、たくさんの車を駐車できる。少なくとも、地区の公民館よりは、収容力も生活維持機能も大きい場合が多い。これらの状況からは、学校という場所は避難所として十分な要件を満たしており、多くの学校が避難所に指定されていることは、とてもうなずける話だといえそうだ。

　ところが、ここで疑問が出た。そもそも、避難所になっている場所が被災することはないのだろうか？　避難所が被災してしまえば、避難できる場所を失うことにもなるし、また、避難している最中に被災してしまえば身も蓋もない。さらに、学校が被災してしまうと、避難所の話とは関係なくとも、そこに通う児童、生徒の教育や生活に支障がでる。これも大きな問題だ。そこで、学校校地に対する災害安全性の評価は、様々な社会要因として重要だと考えるに至り、研究のアウトラインが決まった。また、上記のように、仮に学校が災害に対して安全な場所にあるのなら、例えば、新しい避難所の建設に対しても、その「位置」は重要な情報になる。だとすると、安全性の評価は現役の学校だけでは不十分で、明治時代の創立から現在に至るまでの校地選定のプロセスを追いかける必要があった。いわば、災害に対する先人の知識や知恵の再確認を行う、そんな作業となった。

（2）評価の手順

　評価の手順は至ってシンプルなものだ。大まかな流れを示すと、まずは、学校の位置や、その学校や地区の災害履歴を史誌や学校史で調べ、可能なら地元の人に場所を教えてもらい、実際に現地に行って位置を特定する。位置が特定できたら、地図に書き入れる。現役の学校なら話は早い。住所は分かっているし、様々

な地図に位置が記載されている。しかし，廃校や旧校地となると簡単にはいかない。史誌などに住所情報が示されていることもあるが，当時とは地番などが変わっていることもあるし，住所情報が不明であることの方が大半である。現地確認しないと分からない案件が大半を占めた。これが明治の創立時にまで遡ろうとしたのだから，容易な作業ではなかった。

　手順はシンプルではあったが，手間は，とんでもなくかかってしまった。結果，和歌山県内で，明治以降に学校が置かれていた履歴のある場所の約2,000カ所を地図に書き入れるのに数年間もかかってしまった。にも関わらず，未だに位置を特定できていない明治期，大正期の学校もある。ただし，昭和期の学校の位置については，土砂崩れで自動車の通行不能の期間が長く，かつ，徒歩で1時間の山登りが必要な1校の分校が未踏であることを除き，全ての位置を正確に把握し，現在の写真も撮影，確保した。

　次の作業は，地図に記録した位置の災害安全性について，行政が公開しているハザードマップと重ね合わせ，危険と判定されている位置にあるか，そうでないかを読み取った。さらに，校史に災害履歴のあった場合は，地図上での評価で安

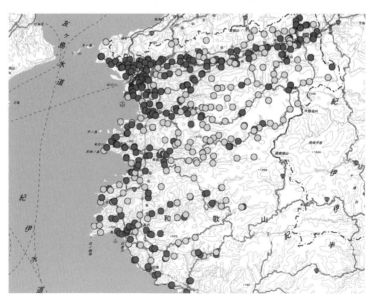

紀北の学校マップ（●現役校，○廃校，地理院Web地図を改変）

全側に評価された位置でも,危険側だと再評価した。そうやって,学校の置かれた位置の災害安全性を,土砂災害(地すべり,土石流,土砂崩れ)と内水面氾濫を含む氾濫による浸水,津波の到達の各面から評価した。この作業には,地理情報誌システム(GIS)を使用した。今の時代は便利である。以前なら紙の地図で確認しなければならなかった作業をコンピュータ上で行うことができる。しかも,修正も容易である。

(3) 土砂災害の危険性

 和歌山県が位置する紀伊半島は,平地が少なく,山地が大半を占める。急峻で,地質も総じてもろい。当然ながら,土砂災害リスクの高い地域である。このため,人の居住地や主要な道路沿いだけを対象とした土砂災害ハザードマップですら,危険範囲が県土全体を覆い尽くすかのような状況になっている。
 今でこそ,物流が国土の細部にまで及んでいるが,これは最近のことに過ぎず,集落の成立要因として,生きる上での最低限の食糧が自給的に生産できる農地が

紀北の土砂災害ハザードマップ(Google Earth を改変,データは国土交通省より)

歌山市直川（のうがわ）の水田遺跡。発掘調査の後，埋め戻された

造成できる場所に限定される。農地を造成するための重要な絶対条件として，耕せる程度に土が軟らかいことが求められる。では，どういう場所の土が軟らかいかというと，まずは湿地になる。弥生時代などは，ほぼ湿地の近くに集落が成立していた。このような湿地は，洪水の影響を受ける氾濫原で，上流から流れてくる肥沃な土砂が堆積した場所である。

　山地では狩猟のみでは集落が大きくなることはできず，定住集落や炭焼きの拠点集落を形成するためには，やはり農地が必要になる。山地では，谷底は日当たりが悪いことが多く，山の中腹以上の高い場所に農地を求めることが多い。このような場所で土が軟らかい条件を備えた場所は，土砂災害で上部から運ばれた土砂の堆積した場所ということになる。地山（じやま）を直接開墾するのは，あまりにも硬かったのであろうか，例えば棚田などは，地すべりや土砂崩れで落ちてきたり，土石流が運んで来た堆積土の位置に造られることが多い。土砂災害で運ばれてきた土砂のことを運積土ということもある。このような場所は，土が軟らかいだけでなく，傾斜も緩やかであり，農地造成には好都合でもあった。土石流で形成された扇状地などは，かなり傾斜が緩やかだ。

　耕作には水が必要だが，土が軟らかいと，水はすぐに地中へと染み込んでしま

第 2 部　災害と学校

紀美野町の生石高原の棚田。かつての土砂災害の跡地に造成されている

う。これでは耕作は難しい。しかし，水田にするならば，水が溜まるように耕土の底に床（トコ）と言われる不透水性の遮水層を造成するため，水は地中に染み込まず，地表面付近だけを流れることなる。土が軟らかいということは，再び崩れやすいという危険性を同時に持つ。水が染み込めば，再崩落や再流下の危険性が一気に高まる。しかし，床の造成は地中への水の染み込みを防ぐことになり，結果的に災害危険性を低下させる。しかも，棚田は段々のテラス状の構造であるため，運積土で形成された単純な斜面よりも崩れにくい。最先端の土木工法でも用いられる斜面安定化工法と同じような構造である。

　その上，例えば，扇状地の源頭部を水田として平坦に造成することは，砂防ダムと同じような平坦地形を谷の出口に整備することにもなる。上流から土石流が流下してきても，棚田耕作部の平坦面に捕捉され，下流にまで流下する被害を軽減する。筆者らの調べでは，平成 23 年（2011 年）の紀伊半島大水害の際，土石流被害が頻発し，死者まで出した那智勝浦町の那智谷において，発生した土石流の半数以上が棚田地形で捕捉され止まった。90％以上の土石流が棚田地形に捕捉されて止まった谷もあった。棚田地形が被害を軽減したのである。地盤としては崩れやすい位置にあるはずの棚田みずからが崩落した事例もなかった。このよう

平成23年（2011年）の紀伊半島大水害の際，棚田地形の平坦部に捕捉されて停止した土石流（那智勝浦町）

な現象は「意図せざる防災機能」といわれるが，棚田は山間部の集落の土砂災害安全性を高めてきたことは確かである。

　防災機能の視点で棚田をみていると，不思議な棚田の存在に気付いた。それは，北向きであったり，狭い谷底であったりと，日当たりの悪い位置に造成された棚田や，イネが根を張る耕土層が異様に薄い棚田である。こんな悪条件では，食糧の生産は期待できない。にもかかわらず，そんな棚田がそこかしこにある。まるで「意図した防災機能」を狙ったかのようだ。紀伊半島大水害において奥様とお嬢様を同時に亡くされた知人は「爺様から，谷底の田は捨てても良いが，谷の田は作り続けろと言われていた。自分は守らなかった。そのために被災したのではないかと悔いている」とおっしゃった。その話を聞いた際「心中はお察しするが，そんなことはないだろう」と思った。しかし，現地調査を行った結果，氏のお爺様の教えは的を射ているものであったと自身の考えを改めた。筆者らが明らかにした「棚田地形による土石流の捕捉機能」は，防災系の学術学会で発表し論文として掲載され，また，大手紙新聞の全国版の一面を飾ることになったが，「意図した防災機能」についてはまだ確証のある話にまで育てることに成功していない。

日本棚田学会という棚田を専門に扱う学会では，棚田の防災機能を「偶然だ」と位置づけている。ところが，以前，東京の町田市で棚田保全を行っている市民団体の代表から聞かされた話では「谷津田（谷間に造成された棚田のこと）なんてものは日当たりが悪いのだから生産は期待できない。食糧生産の目的ではなく洪水（土石流の意味）を防ぐダムとして造成したものだ。その証拠に，谷津田は，谷の一番奥の，水もない，一番日影の場所から造成する。生産を目的にしたのなら，谷の出口の開けた場所から造成するはずだ。だから，（生産性の悪い）谷津田で真面目に（イネを）作る必要はない。地形だけ守って適当に切り上げて，日当たりの良い高台の畑や田での生産に励むように，と爺様から教わっている」ということであった。まさしく「意図した防災機能」の話である。同じような話が他にないか，いろいろ調べてはいるが「コレだ」という話にまで行き着いていない。新潟の上越地方で行われている，秋に代掻きを行って，夏の間にイネの根の成長で破損した床を復活させる「秋代（あきしろ）」は，床による遮水機能の維持によって棚田の崩落を防ぐ目的の農事であり，まさしく「意図した防災機能」だといえる。

那智谷で見られる異様に耕土の薄い棚田（耕作放棄後に植林された棚田跡。耕土はほとんどなく，直下に土石流で運積されてきた岩が堆積している。災害後の露出で確認できた）

「意図した防災機能」の話が伝わる東京都町田市の谷津田（棚田）

棚田の上部に位置する集落（紀美野町，生石高原）

しかし，他には有力な情報を得ておらず，この研究は継続しなければならない。

話を山村の成立の件に戻すが，棚田は集落維持のために必要だが，棚田自体は地盤が弱いため，再崩落の危険性がある。このため，多くの集落は，棚田の上の方に形成されている。棚田の下に集落を置くと危険であるからであろう。また，最上部だと土石流などが直接やってくる危険性があるので，最上部よりは少し下から中間までの位置が安全な場所ということになるようだ。となると，学校も，同じような位置に置かれることが多い。

前述のように，紀伊半島の山間部の全体が土砂災害のリスクの高い場所である。大半の集落が，そもそも危険な位置に立地しており，このような集落内で安全な場所には限りがある。また，紀伊半島は山が海までせり出しており，海沿いだからといって土砂災害のリスクが小さいわけではない。このように，紀伊半島全域で土砂災害のリスクは恒常的に高い状態にある。しかしながら，本書の対象とした紀北エリアでは，現役校の88%が土砂災害のリスクのほとんど無い場所にあった。廃校になった学校では58%，最終校地の以前に学校が置かれていた旧校地では79%が安全側だと評価された。

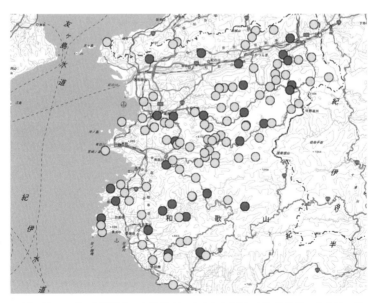

ハザードマップに土砂災害の危険範囲に含まれた学校（●現役校，○廃校，地理院 Web 地図を改変）

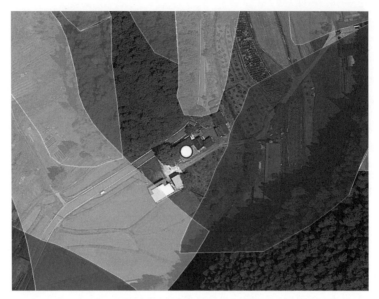

昭和52年（1977年）に廃校となった鞆淵小学校上分校は，土砂災害に対して危険な範囲をギリギリで回避している（中央の○が学校のあった位置，Google Earthを改変，データは国土交通省より）

　安全性評価の結果をみると，廃校の土砂災害安全性が低いように思われるかもしれない。しかし，山村エリアなどでは地区全体が土砂災害に対して危険な場所であることで，どのみち安全な場所を見つけることが困難である。そういった地区を含めての結果であることを考慮すると，相当な高確率で安全な場所が校地に選ばれていたと評価することもできる。その証拠に，驚くことに土砂災害の危険範囲をギリギリで避けるかのような位置に置かれた学校がいくつもある。そこで，現在の技術で作られた土砂災害ハザードマップで「危険（リスク）あり」と判定されている場所から30m以内の位置にある校地を抽出したところ，現役校で18％，廃校で48％，旧校地では27％が該当した。

　近年の新設校や，移転した学校を除き，大半の学校の校地選定は，現在のような高度に発達した土木技術のない時代に行われた。にも関わらず，高い確率で土砂災害に対して安全な位置に校地を選んだ先人の災害回避に対する経験知識は確かなものであったといえる。ただし，地すべり帯として地質の専門家などには有名な，有田川町の生石（おいし）山の周辺では，大半の学校が危険側だと評価さ

れた。実際に，過去に土石流の被害を受けた学校もあった。これは，地すべり帯であることと無関係ではない。

（4）洪水災害の危険性

　紀伊半島は山がちであり，平野部は少ない。このため，エリア全体でみたら，洪水による浸水被害を受けやすい範囲は，河口付近の平野部に集中している。一方，人口の多い場所も河口付近の平野部である。当然ながら，設置されている学校も多い。特に，和歌山県最大の都市，和歌山市には学校も多く，また，市内の広範囲が洪水のリスクを抱えたエリアとなっている。

　それもそのはずで，今よりも海面が高かった縄文時代，現在の市内の大半が海底か紀ノ川の河道内にあった。自然堤防による中州であった現在の砂山地区の周囲だけは標高が少し高く，洪水リスクはほとんどない場所となっている。これに対し，少し内陸にある岡崎地区，山東（さんどう）地区は，かつては内湾であったため，現在でも洪水リスクの高い場所となっている。近年まで，ほとんどが水田であったが，最近は宅地開発が進み，このため水田の持つ洪水緩和機能が低下し，さらに洪水リスクが高まってしまった。これを重く見た行政は，このエリアの宅地開発に対する制限を加える決定を計画するが，宅地開発は止まることはなく，さらに拡大している。同じように，小河川の和歌川，和田川，水軒川，大門川も，その川沿いの浸水リスクが高い。

　戦国時代，豊臣秀吉は，現在のＪＲ和歌山駅の東側にあった太田城を水攻めした。秀吉による日本三大水攻めのひとつが，この太田城の水攻めであった。岡山県の備中高松城への水攻めは有名だし，狂言師の野村萬斎さんが主演したことで注目された映画「のぼうの城」の舞台，埼玉県の忍城（おしじょう）は水攻めに失敗したことで有名である。これらに比べると，太田城の水攻めは史実として「見劣りする」と扱う人もいるようだ。しかし，全容が明らかになるにつれ，その規模や悲惨さが知られるようになると，徐々に評価が高まってきた。秀吉は，太田城の周囲が洪水リスクの高い低地であることに目をつけ，城の周囲を取り囲む，全長6kmにもおよぶ長大な堤防をたった6日間で築き，紀ノ川の水を堰き止めて溢れさせ，太田城を水攻めした。工事に要した人数は延べで46万9千2百名だといわれている。6日間で割ると，毎日8万人弱の人数が工事に当たったこと

和歌山市周辺（紀ノ川, 土入川, 和歌川, 大門川, 和田川, 貴志川）の洪水ハザードマップ（Google Earth を改変, データは国土交通省より）

になる。水攻めが始まってからの攻防は1か月にも及び, 最終的には秀吉側の蜂須賀正勝, 前野長康の説得に応じ, 太田城に籠城していた太田左近をはじめ53名が自害することで終結する。よく「○○の軍勢は何万人」などと言われることがあるが, この異常な人数の多さは, 作戦をバックアップする土木作業員的な雑兵を連れて戦をしていた, ということを意味していて, 実は何万人どうしが戦闘をしていたわけではないとの説があるが, 現実性としての説得力がある。

　一級河川の紀ノ川は大河であるため, 川沿いの洪水リスクは河口の和歌山市だけでなく, 中流域の橋本市にまで及んでいる。和歌山県は, 江戸時代は紀州藩であったが, 徳川吉宗が藩主の時代, 溝ノ口村（現在の海南市野上新）の豪農出身で藩の勘定方になっていた農業土木技術者の井沢弥惣兵衛（いざわやそべい）は, 禿（かむろ）村（現在の橋本市学文路）の庄屋で, 高い土木技術を持っていた大畑才蔵を藩役人に登用し, 紀ノ川流域の治水事業と新田開発を行った。その後, 弥惣兵衛は, 吉宗が将軍になると江戸に召し抱えられ, 江戸周辺の灌漑や新田開発を行った。才蔵は紀州に留まり, 各地の新田開発, 用水整備事業を続けた。

　弥惣兵衛と才蔵が用いた治水技術は, 蛇行した河道を堤防で直線化し, 蛇行部

豊臣秀吉軍による太田城水攻めの堤防跡

の氾濫原を新田開発するものであった。主に才蔵が考案した工法であったという。堤防を連続堤として河道を直線化することで、流路を短くし、洪水を一気に海に流し去ることで水位を短時間で下げることができる。水位が上がっている時間帯は、高い連続堤で氾濫を防ぐ。この合理的な治水技術「紀州流」は、日本における治水技術のスタンダードとなっていく。治水と新田開発がセットになった方法は、国土の狭い日本において歓迎されることになる。

　新田開発の際、同時に灌漑も行われる。本川に井堰（取水堰）を造り、用水を張り巡らせる。新田だけでなく、他の田畑にも水を供給する。紀ノ川で弥惣兵衛と才蔵が手がけた主な灌漑事業としては、小田、七郷、藤崎、安楽川、荒見、六箇、小倉、宮、四箇、新六箇などの用水が挙げられる。紀州徳川時代以降、流域の耕地を潤し、改修を繰り返して現在に至っている。これらの用水は、昭和28年（1953年）の7・18水害で大打撃を受け、その機能を停止させることになる。応急復旧工事を急ぐとともに、根本的な改修計画へと発展する。井堰は近代化され、用水は統合させた。

　一方、治水技術には、紀州流とは対極にある「東（あずま）流」あるいは「関

大畑才蔵が尽力して整備された小田井用水は平成29年（2017年）に「世界かんがい施設遺産」に登録された。写真は「龍之渡井（たつのわたい）（水道橋）」

東流」という技術もある。文字通り関東で用いられていた方法で，川の蛇行を活かし，増水時には旧河川や「遊水地」にわざと氾濫させ，ゆっくり流すことで都市のある下流での急激な水位上昇を防ぐ方法である。「遊水地」とは，増水した水の一部を堤防の外に溢れさせ，一時的に河道内の水位を下げる治水工法として造成される人口氾濫原のことだ。平時は，水田として利用することもある。その際，遊水地の堤防の高さを少し下げた「越流堤」が造成される。遊水地より下流の水位は，越流堤の標高以上にはならないという方法である。遊水地に水を溢れさせるためにわざと堤防を切っておくこともある。近年は，生物多様性保全の視点から，東流への社会関心が高まっている。蛇行は，川の生物多様性にとって重要な機能である。北海道の釧路湿原を流れる釧路川の直線化された蛇行を人為的に再造成した自然再生事業は，国内外の自然保護者から注目されている。

　紀州流には決定的な弱点があった。川が直線化されたことで流路が短くなり，このため河口付近に洪水が到達するまでの時間が速くなってしまう。すると，想定外の豪雨の際，河口付近で増水分を処理しきれなくなり，越流，氾濫してしまうリスクが高まる。堤防だけでは防ぎ切れない可能性が生じてしまう。このこと

は，紀州流による新田開発が全国的に活発に行われていた時代にすでに指摘されていた。宝暦9年（1759年）に常陸国の眞壁用秀が著した『地理細論集』の「川々御普請心附之事」の中に「享保の初め宝永頃より治水工事が丈夫になり，河川を直線化し新田開発が進められたが，かえって洪水被害も大となった」との記載がある。

　このような紀州流の弱点を克服するため，東流で多用される遊水地機能を紀州流の中に仕込むこともあった。紀州流で新田開発された紀ノ川沿いには，江戸時代には大規模な遊水地が3か所あったとみられ，和歌山市の直川（のうがわ）地区もそのひとつであった。中央を六ケ井用水が流れる広大な新田だ。普段は水田として利用し，いざという時には遊水地に利用されていた。今では越流堤は閉じられ，用水の南側が埋め立てられ，付近に高速道路のインターチェンジが造られ，物流拠点としての開発が進んでいる。

　遊水地の閉鎖は，下流，つまり和歌山市の人口密集地への洪水リスクを高めるが，紀ノ川河口大堰の建設によって洪水調整機能を付加したことで，下流部の

直川の遊水地跡。現在は埋め立てられて物流拠点となっているが，開発予定地として長いこと未利用状態であったため，秋になると一面のセイタカアワダチソウ群落となった。写真は平成15年（2003年）の様子

紀ノ川河口大堰と魚道。魚の遡上のタイプ別に3種類の魚道が同時設置されている珍しい事例で，資料館には，魚道の水中を観察できる設備が設置されている。上空にある糸は，鳥による食害を防ぐ目的（大堰は写真の橋の下）

洪水リスクは低くなったという。その一方で，紀ノ川河口大堰の建設は，紀ノ川の生態系に対しての悪影響が懸念されたため，大規模な魚道も設置されている。魚の遡上のタイプ別に3種類の魚道が同時設置されている珍しい事例にもなっている。資料館には，魚道の水中を観察できる設備が設置されている。鮎の遡上時期には鮎の遡上数の徹底調査が行われており，魚道は機能していることが報告されている。魚道は上空に開けた浅い条件であるため，水鳥の餌場となってしまったため，その対策のため，上空に糸が張られている。しかしながら，紀ノ川河口大堰が供用された結果，紀ノ川の汽水域は大きく変化することとなった。淡水が沖にまで運ばれなくなった。このため，汽水域を棲みかとする魚類は打撃を受けることになった。その代わりと言ってはなんだが，海水魚が河口堰の直下までやってくるようになった。海水魚の目線からは，細長い穏やかな内湾ができたということのようである。知人の魚類学者が「紀ノ川は，海に見捨てられた川だ」と発言していたことは筆者の記憶に鮮明に残っている。

　平成28年（2016年），直川地区に流れ込む紀ノ川支流の千手川上流の山地に

二つの巨大なメガソーラー発電所の建設計画が発表される。双方を合わせると200haを越える大規模なものだ。景観問題はもちろん，生物多様性低下の問題，さらには，山地の水源涵養機能（緑のダム）の低下が心配され，地区全体の洪水リスクが高まるのではないかという不安の声が聞かれるようになった。県知事が慎重な事業運営を要望するに至る地域の問題となっている。温暖化防止，脱原発のエネルギー技術としての太陽光発電への期待は大きい一方で，景観問題を筆頭に，発電を終えた際の廃棄物問題までを包括し，ネガティブに受け止める人は多い。特に，日本では優良農地を埋め立てて太陽光発電所に再造成する事例への懸案がある。かつてのバブル期に，農地が埋め立てられマンションが立ち並んだのと重なる。しかし，その勢いは止まることはなく，建物の屋上や遊休地，耕作放棄だけでなく，直川地区のように，自然地を新規造成する事例は増え続けている。

　上記の，利水目的の河口堰にしろ，魚道にしろ，メガソーラーにしろ，利便性と環境保全の双方を兼ね備えることは，容易ではないことが理解される。

　高野山から流れ出し，有吉佐和子の小説「有田川」の舞台にもなった有田川沿

山上の風力発電の下に広がる太陽光発電。近年は斜面地での太陽光発電も増えている。エコ事業としての高い評価の一方で，景観問題なども同時に指摘されるようにもなった。山上の風力発電も同じような状況にある

夏瀬神社の巨木

有田川の浸水ハザードマップ(Google Earth を改変,データは国土交通省より)

いでは，平野部のほぼすべてで洪水リスクが高い。紀ノ川の南を流れる。過去に何度も水害が記録されている。中下流の右岸側には，かつて「夏瀬の森」という原始林が拡がっていた。今では，その痕跡はほとんど残っていないが，田殿丹生神社の門前の川沿いにある境内社の夏瀬神社，南岸平野部の中央やや南にある藤並神社の社叢（天満の森）がそうだという。平成15年（2003年）の増水の際，川底に埋まっていたクスノキの巨木の根株が川岸に流れ着いて，その巨大さが話題となったが，これは夏瀬の森に生えていた木だとみられている。

　有田川の旧河道は，夏瀬神社の辺りから大きく南に蛇行，天満の森のさらに南側を通り，そこから北に向かって再蛇行していた。夏瀬の森を迂回しながら流れていたとみられる。旧田殿村の村史によると，夏瀬の森は，保元年間（1156年～1158年）の水害で森の中央部辺りが突き破られるようにして流失し，森は南北に分断された。永和年中（1375年～1378年）には，再び大水害があり，現在の上中島地区の北側の陸地が突き破られ，上中島地区は中州となった。文明8年（1476年）頃，河道の中心は上中島地区の北側流路に移り，上中島地区の南側は陸続きとなった。このようにして旧河道の北側右岸にあった上中島地区は南側左岸へと位置を変えることになった。有田川の平野部は左右岸の位置が変わってしまうほどの蛇行と氾濫を繰り返していて，今でも同種の洪水リスクを抱えている状態にある。なお，有田川の平野部は，縄文時代には，ほぼ海であったため，川は，今でもかつての海底を自由に流れようとするようだ。

　以上のように，有田川の平野部は頻繁に大洪水に見舞われた。例えば昭和28年（1953年）7・18水害では，左右岸の両方が洪水した。普通は，片側だけの洪水となるものだが，この水害はそれを上回る規模となり，有田川平野部の洪水に対する脆弱性を示す災害であったことを如実に示している。このため，本書では有田川流域の話題を多く取り上げることになった。

　7・18水害は，多くの建物に被害を与えた。民家，役場，学校も流されたり，土砂で埋まったりした。道路は破損し，多くの橋が流失した。農地も深刻なダメージを受けた。また，有田川にいくつもあった水力発電所を廃止に追い込んだ。有田川には，大正～昭和初期にかけて，水力発電所が建設された。支流に置かれたものもあった。発電銀座であった。これらは，いずれも小水力発電といわれる出力1,000kW未満の規模であったが，地域に根付いたエネルギー源となり，雇用につながっていた。有田川の発電所の中で，7・18水害で流失したものは，本

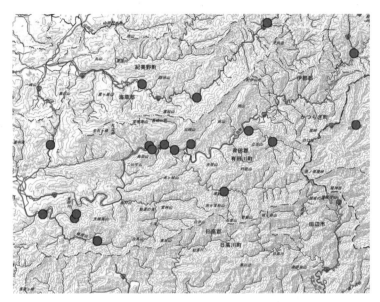

有田川系,貴志川水系の戦前の発電所マップ。ほぼすべてが昭和28年(1953年)の7・18水害で流失した（地理院Web地図を改変）

流の修理川（第一）発電所,川口（第二）発電所,松原（第三）発電所,八幡（第四）発電所,支流の五明谷（ごみょうだに）発電所,白馬川発電所,宮川発電所,室川発電所,室川（坂本谷）自家発電所の9カ所にも及んだ。また,下湯川発電所,相ノ浦発電所については資料がなく詳細は不明だが,発電設備は7・18水害で流失したとみられる。いずれにせよ,有田川水系で唯一残ったのは本流の三田発電所だけであった。有田川以外でも7・18水害の際,紀ノ川支流の貴志川の大角（おおすみ）発電所,丹生川水系の九度山発電所,笠木（葛和）発電所などが廃止に追い込まれた。

　上記の7・18水害で廃止となった発電所は,いずれも復旧されることはなかった。しかし,近年の地球温暖化問題への対応,あるいは地域産業としての「ご当地エネルギー」への期待から,かつての発電遺構を再生する構想が立てられるようになっている。修理川（第一）発電所,川口（第二）発電所では可能性調査も行われている。新しい動きもある。有田川の中上流に位置する有田川町には,7・18水害を受けて建設された二川（ふたがわ）ダムが建設されている。多目的ダムで,11,000kWの発電能力を持つ。このダムからの河川維持放流水に目をつけ

第2部　災害と学校

有田川にある川口（第二）発電所の遺構，昭和28年（1953年）の7・18水害で流失

ダムからの河川維持放流水で発電する有田川町営二川小水力発電所

た役場の職員は，発電所建設を構想し，粘り強く関係各所と交渉し，7年の歳月を経て，平成28年（2016年）に最大199kWの発電能力を持つ有田川町営二川小水力発電所を完成させる。河川維持放流水による発電に，自治体が取り組んだ日本最初の事例となった。売電で得た収益を基金に積み立て，エコ機器の購入補助を中心に再生可能エネルギーの普及や環境教育などに充て，地域住民に還元している。この一連のエコロジカルな地域づくりは，各所から高い評価を受ける結果となった。新しい時代の幕開けである。

　有田川のさらに南を流れる広川は，今でもシロウオが遡上する川として知られ，毎年3月頃，河口付近で行われるシロウオ漁が風物となっている。広川町と湯浅町を南北に分けるように流れ，特に広川町における洪水リスクが高い。市街地の大半が浸水想定範囲となっている。広川の北には山田川が流れるが，中流における洪水リスクが高くなっている。

　広川，山田川の両河川は，過去に幾度となく氾濫している。このことと関係するとみられる現象が，熊野古道のルートが頻繁に変わっているということだ。熊野古道との関わりが深い王子社の移転履歴も多い。中には，遺構が「埋まっていた」王子跡もある。埋まっていたということは，その場所に土砂が運ばれてくるレベルの氾濫が襲来したことを意味するものであろう。平野部の最奥，山際の王子であったことから，津波運積土ではなく，洪水運積土であったとみられる。なお，広川市街地の洪水リスクは高いが，その程度は「床下浸水」レベルである。近年の洪水で床上浸水した件数は，洪水の頻度の割には多くはなかった。

　広川のさらに南を流れる日高川は，幹川流路延長127kmもある日本一長い二級河川である。江戸時代の浮世草子や人形浄瑠璃の作者，俳諧師として有名な井原西鶴の出身地が中流の三十木（みそぎ）にあったともいわれている。本流の水源から河口までが和歌山県内を流れているため二級河川になっているが，一級河川レベルの大河である。支流の一部は奈良県の十津川村内にあり，内陸8県に6水系だけでしか存在しない二級水系のひとつになっている。

　日高川は，大河であるため，下流の平野部の洪水リスクは高いと考えがちだが，意外にそうでもない。これは，中流域に，河道が狭窄（きょうさく）しているために流下能力が低く，その結果として洪水リスクが高くなっているエリアがあり，溢れるならば，先にそちらが溢れ，そこが遊水地となるために河口付近の平野部への水の到達が緩やかになるからだとみられる。また，上流に建設されている椿

広川と山田川の浸水ハザードマップ（Google Earth を改変，データは国土交通省より）

山（つばやま）ダムの治水効果が大きいとも評価されている。平野部における洪水リスクは，むしろ河口付近で日高川に合流する支流の西川流域で高い。西川流域の小河川は，近年も頻繁に氾濫している。

　日高川本流では，昭和 28 年（1953 年）7 月 18 日の大水害（7・18 水害）により，旧藤田村（現在の御坊市藤田町）で広範囲に堤防が決壊し，濁流が旧御坊町を中心に近接村一帯に氾濫し，死者行方不明者 289 名に上る大災害を経験した。前述の椿山ダムは，この時の災害をきっかけに建設されている。また，平成 23 年（2011 年）9 月の紀伊半島大水害の際には，主に上流の旧美山村周辺で死者が出るレベルの災害が発生したが，ここはハザードマップには記載されていないエリアである。掘り込み河道の範囲にあるため，特に洪水リスクが高い範囲に該当しないとみられる場所ではあるが，川沿いには地形分析によるリスク評価だけでは計れない危険性が潜んでいることを示す事例となった。

　日高川は，悲恋話，怪談として有名な『安珍と清姫の物語』の舞台となった道成寺（どうじょうじ）の南を流れている。映画にされるほど有名になった『道成寺物語』は以下のようなストーリーとなっている。日高川のさらに南にある旧中

日高川と西川の浸水ハザードマップ(Google Earth を改変,データは国土交通省より)

平成 23 年(2011 年)の紀伊半島大水害は日高川流域にも大打撃を与えた

辺路町の真砂(まなご)の地で安珍と出会い,相手にされなかった,あるいは捨てられた清姫は,悲しみのあまりに富田川に入水する。断ち切れなかった想いと憎悪のために蛇に変化してしまう。その姿を知り,逃げた安珍を追いかけて日高川を遡り,道成寺で鐘に隠れた安珍を見つけて焼き殺す。法華経の法力によって最後には二人とも成仏するというものだ。

『安珍と清姫の物語』の原話とされる話は、平安時代の『今昔物語』や『大日本国法華験記』の中に既にみられ、それらには清姫の名も安珍の名も出てこない上、その記述には法華経の宣伝要素が強い。清姫の名の初出は江戸時代になってからで、浄瑠璃『道成寺現在蛇鱗』(寛保2年,1742年が初演)が最初だとみられ、以降は悲恋話,怪談として語り継がれるようになる。この話の解釈のひとつに,蛇は洪水や土砂災害の象徴であり,焼死は落雷によるもの,つまり安珍は台風の被害によって命を落としたという説があるが,では,蛇に化ける前の清姫とはいったいなんだったのだろうか,という疑問が残る。真砂にはまったく印象が異なる話も伝わっている。真砂には確かに清姫のモデルとなった女性が実在したようだ。真砂兵部左衛門尉清重(延喜元年,901年没)の長女で、延長6年(928年)

安珍と清姫の物語で有名な道成寺。和歌山県には珍しい天台宗の寺院で,徳川藩主の時代には様々な特権を与えられていた

清姫の墓所がある真砂（まなご）では，清姫は心やさしく学のある才女だと伝わる

に没した女性が清姫だという。真砂では，清姫は心やさしく学のある才女で，後に天皇や皇后の身の回りをお世話する采女となったと伝わっている。「嫉妬で悪霊に化けるなんてとんでもない」とのことだ。さらに異説として，実在した清姫は鉱山経営者であり，安珍が清姫から鉱床秘図を借りたまま返さないので，怒った清姫やその一族が安珍を追い詰めたという話もある。真砂という言葉からは，確かに真砂砂鉄を用いた「たたら製鉄」のことがイメージされ，周囲には小規模ながらも硫化鉄鉱床がみられる。このことから，鉱山利権説もあり得ない話ではないかもしれないし，興味深いのであるが，説としては大胆すぎるかもしれない。

　日高川よりさらに南には，二級河川の切目川が流れている。河川規模は大きくはないが，平野部だけでなく中〜上流域までの広い範囲で連続的に洪水リスクが高くなっている。河川規模の割に洪水危険性の高い川であるため，洪水調整の目的で平成26年（2014年）に切目川ダムが造られた。ダムの建設に関しては，一部の住民から生物多様性保護の観点から反対運動が起こったため，増水時だけに機能する「貯水しない」治水単目的ダムとする構想まで議論されたが，最終的には水道水の「利水」目的のために貯水することになった。その構造は，穴あき（ゲー

トレス)となった。

　検討委員会では，ダム建設の検討の際，専門家委員より「生態系への悪影響はほとんどないだろう」という内容の「事業者（行政）寄りだ（お抱え学者）」と受け止められかねない見解まで出されて紛糾した。委員長は文系分野の研究者であったが「悪影響がほとんど無いということなどあり得ない。専門家でない人間でも分かることだ。少なくとも住民が容認できる範囲の変化に収まるかどうかが争点だ」と，専門家委員の見解を「事業者（行政）寄りだ」として遮った。この委員長の見解は，住民感情に配慮したものだとして高く評価され，悪影響の恐れが存在することを前提に，事業者（行政）は悪影響を最小限に抑える努力を行うとともに住民主導の生物保護活動に対しても支援することで決着した。行政委員会や専門家の社会責任とはなんだろうか？　ということを考えさせられる出来事であった。このようにして切目川ダムは完成し，供用を開始したものの，下流の洪水リスクは広範囲にわたって依然として高いままである。

　切目川よりさらに南には，二級河川の南部（みなべ）川が流れている。河川規模は大きくはないが，平野部だけでなく中流域まで洪水リスクの高い場所となっ

切目川ダム

切目川の洪水ハザードマップ（Google Earth を改変，データは国土交通省より）

ている。特に左岸側では，2年に1回の確率でどこかが氾濫する恐れがあるほどの危険な状態だと評価されている。

　一方，南部川流域は南高梅（なんこううめ）の産地として有名である。南高「ばい」ではなく，南高「うめ」が正式な名称である。「なんこう」は，この優良系統を見つけ出した南部高校の愛称であり，学校教育の成果が地域の主要産業を形成させたという教育機関の社会貢献としての大成功事例となっている。みなべにはウメ栽培の長い歴史があると言われている。これは，一帯の土地があまりにも劣悪で，痩せ地でも栽培できる作物はないかと探した結果，ウメの栽培に着手したというものである。しかも当時は，実ウメではなく花ウメの梅林だった。それも後に桑畑に転換されたという。実ウメの栽培が本格化するのは明治の後期になってからで，今ほどの大産地への成長は1980年代以降になってからである。産地としての歴史が思ったほど長くはないことは，意外に知られていない。確かに，大正期の地図を見ても，果樹園となっている範囲は，明治期に実ウメの栽培が始まった晩稲（おしね）地区付近の狭い範囲に限定されている。丘陵地の土地利用は広

南部川の洪水ハザードマップ（Google Earth を改変，データは国土交通省より）

みなべ梅林

みなべ町の大正3年（1914年）の地図。晩稲地区の周辺以外に果樹園（○に上棒）はない。ほとんどが広葉樹林（○）である。みなべ町のウメ産地の歴史は，思ったほど長くはないことは，意外に知られていない

葉樹林がほとんどであり，むしろ薪炭林が中心であったとみられる。

　晩稲地区付近の梅林あるいは梅林の後背山地は，さほど急峻ではない丘陵地であるものの土砂災害のリスクは全域で高くなっている。一部の丘陵上部には，現在でも備長炭の原木を生産する広葉樹林として維持されている場所もある。みなべで炭焼きが盛んだったことは，江戸時代の絵図にも描かれている。

　燃料林業が衰退した昭和中期は，広葉樹林の人工林化が全国的に行われた「拡大造林」の時期であった。しかし，みなべ町では，土地が痩せていたためにスギやヒノキが育ちにくく，針葉樹の植林が進まなかった。このような消極的な理由によって，結果的には広葉樹林が残った。むしろ，ウメ栽培のために広葉樹林は伐採されていった。

　一般に，斜面地の果樹園造成は土砂災害のリスクを高くする。果樹園は，森林よりも水が土中に染み込みやすく，土砂崩れを起こしやすい。このため，古い果樹園では往々にして石段による段々畑のテラス構造を造成し，崩れにくくする。これに対し，近年になってから造成された果樹園は，斜面地の地形そのままとし

みなべ町の土砂災害ハザードマップ。丘陵は，ほとんどの場所でリスクを抱えている（Google Earth を改変，データは国土交通省より）

ていることが多い。どちらが崩れやすいかは明確である。除草剤を多用すると，表面に草が生えなくなるので，土中の根も無くなり，崩れやすくなる。一方，段々畑にすると，土中に染み込まなかった雨水は，ゆっくりと下方に流れる。平坦面があるからだ。斜面地のままだと，雨水は斜面を一気に流下する。すると，果樹が吸収しきれずに地表面に残っていた肥料分を河川に流してしまい，水質を富栄養化させてしまう。特に，化成肥料だと，よけいに汚れる。もちろん農薬も川にまで流れやすくなる。

これに対抗する農業技術に「草生（そうせい）栽培」がある。外来の寒地型牧草を果樹園の地面に生やし，春の早い段階で草丈（高さ）50cm 程度の草地を造成する。寒地型牧草は，寒いところが原産であるため，日本の気候では5月にもなれば枯れてしまう。そして，地表面に倒れ，枯れ草のカーペットができる。このカーペットは地表面を保護し，除草剤を使わなくても栽培の上で「肥料計算」を困難にする雑多な雑草が生えない，枯れ草が有機肥料にもなるという低農薬有機農法である。一種の斜面緑化でもあるため，斜面農地の崩落防止の効果もある。寒地型牧草でなくても，同じ種類の密生群落ならば，果樹に対する肥料計算は容

急峻な段々畑。実際に見ると垂直にすら思えるほどの傾斜角だ。石垣を組まないと崩れてしまう

草生栽培の果樹園（カキ）。地面を意図的に草で覆ってしまうことで、草が枯れたら有機肥料とするとともに、他の草の侵入を防ぐため除草剤が不要になる。ただ、この草地を写真のように外来種で実施すると、タネが畑の外に移出してしまう「生物多様性への問題」につながる

易である。マメ科の牧草種を使えば，大気中から窒素を固定してくれるため，果樹に与える肥料は少なくて済む。

この草生栽培にも弱点はある。外来牧草のタネは果樹園の外に移出してしまうことが大半で，周辺の生物多様性に悪影響を与えてしまう可能性が低くない。低農薬有機農法であることは歓迎したいが，生物多様性には良くないという問題がある。ウマクいかないものである。ちなみに，草生栽培で用いられるマメ科牧草の代表的な種はヘアリーベッチ（和名：ナヨクサフジ）である。自然地への侵略性の高い外来種で，近年は草生栽培から移出した植物が，例えば河川敷一面を覆うこともある。5月頃，河川敷が紫色の花で覆われていたら，多くは草生栽培から移出してきたヘアリーベッチである。

紀ノ川，有田川，山田川，広川，日高川，切目川，南部川以外にも，紀北にはいくつもの小河川が山地から海へと流れ込んでいる。そのいずれも，特に河口付近で高い洪水リスクを抱えている。

しかし，本書の対象とした紀北全域においては，現役校の76％が洪水リスクのほとんど無い場所が選定されていた。廃校になった学校では94％，旧校地で

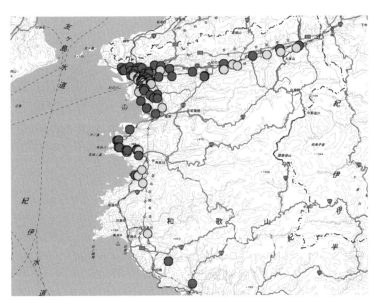

ハザードマップに洪水の危険範囲に含まれた学校（●現役校，○廃校および旧校地，地理院Web地図を改変）

大河である紀ノ川の河口に位置する和歌山市の学校では浸水リスクが高くなっている。ただし，砂山地区など自然堤防の数mの高台地形では，洪水リスクは低い（□現役校，○廃校および旧校地，Google Earthを改変，データは国土交通省より）

は78％が安全側だと評価された。前述の土砂災害に比べ，安全な立地の割合は非常に高い。廃校は山地に集中していたことで，増水の際でも周囲の河川水が速く流れるために洪水リスクは低くなったのであろう。しかし，実際には数多くの山間部の学校が過去に洪水の被害を受けている。

　一方，洪水の危険範囲をギリギリで避けるかのような位置に置かれた学校は，現役校で16％，廃校で7％，旧校地では15％と特に高い割合ではなかった。このことから，洪水被害に対しては，ギリギリではなく，確実に安全な場所を選定したようだ。それだけ，過去に多くの洪水被害の経験があったということなのだろう。

(5) 気候変動と豪雨災害

　土砂災害も洪水災害も豪雨によって引き起こされる。土砂災害は地震によっても引き起こされるが，日本のような多雨の国では豪雨の影響が大きいことには違いない。近年，その豪雨が増えているという話がある。「100年に1度の確率」の豪雨災害が頻繁に起こるようになってきている。その原因として最も疑われるのは，海水温の上昇である。海水温が恒常的に高い状況を作りだしている原因は，地球温暖化にあるとみられる。豪雨による被害は，地球温暖化による被害だと読み替えることができる。

　豪雨災害は様々な経済被害につながる。つまり，地球温暖化は経済被害を引き起こし，我々の財布を直撃する問題でもある。オランダの，とある国際的投資を行っている保険会社は，近年になって業績が悪化していた。この保険会社は，災害による保険金の支払額が増えていることが大きな原因だと分析し，地球温暖化は支払いリスクを高めてしまう，会社経営上の問題だと位置づけた。結果，投資を地球温暖化防止に取り組んでいる企業，地球温暖化防止の商品を販売している企業に集中させ，逆に化石燃料や原子力に依存し続けている企業への投資の凍結と，すでに投資している資金を引き揚げる判断を下した。この会社から投資を受けていた日本企業は，真っ青になった。また，アメリカのとある大手小売業者でも業績が悪化していた。その原因として，ハリケーンの増加を問題視した。物流が途絶えたり，農作物の不作，従業員が被災することでの休業などが影響していると分析した。このため，この大手小売業者は，地球規模での貢献まではできないだろうとしながらも，企業として地球温暖化防止に取り組むことは自社の経営にとって重要であると位置づけ，自然エネルギー発電の分野に参入することにした。ところが，社会貢献活動として始めたはずの発電事業が大きな利益を生み出したため，地球温暖化防止ビジネスは成長分野だと認識するに至った。

　地球温暖化防止は，自分の財布を守る重要な対策だという理解が，国際的には一般化しつつある。となると，経済は，地球温暖化防止へと資金の流れが変わっていく。ウォール街でも，地球温暖化防止ビジネスは成長産業のひとつだと位置づけ，有望企業のランキングを発表し，その結果，投資の流れが急速に変わってきている。典型的な例としては，一大化石燃料企業として膨大な利益を上げ続けてきたロックフェラーの方針転換がある。ロックフェラーは，石油や石炭といっ

近年の地球温暖化による気候変動の中，増え続ける豪雨災害

「エコ文明」を国策とし，世界の低炭素ビジネスの覇者を目指している中国の風力発電は，日本人の想像を遥かに超える勢いで増えている。世界中の投資も集まっている。この事態は，すでに「新産業革命」のレベルと言っても過言ではなかろう。

た化石資源の採掘は埋蔵量としてまだまだ可能であるとしながらも，2016年頃から，今後は早期に化石資源から撤退し，再生可能エネルギー部門へと投資の中心を切り替えるという決断を下した。これは，企業として100年，1,000年と持続する商いとしては再生可能エネルギーの方に優位性があると判断したためである。中国は，2017年に「エコ文明」の方針を打ち立て，再生可能エネルギー分野での技術大国に変容することを発表した。その結果，世界中の投資を集めることに成功している。実際，中国は，世界最大の自然エネルギー発電大国に成長している。先行していたドイツやスペインをあっという間に抜き去った。

　一方，日本では，地球温暖化問題というと，北極のシロクマが死んでかわいそう，でも，自分（の利害）には関係ないことだ，などを筆頭に，いつの時代の話で思考が止まっているんだ？　と呆れてしまう話が未だ主流である。地球温暖化問題は自分の財布を直撃する経済問題だと位置づけることは国際標準となりつつある。しかし，そのように「自分に降りかかった問題だ」と理解する日本人は非常に少ない。近年になって激増している豪雨災害の社会や個人の損失も地球温暖化による気候変動の影響であるし，繰り返される作物の不作も同様だ。生活コストは上昇する。税金の再配分も減る。つまり，日本人の皆さんが大好きなお金を守るためには，地球温暖化防止は不可欠となっている。にも関わらず，未だ石炭や原発にしがみつく日本の姿勢，その方針を支持する日本国民が圧倒的に多い状況は「世界の流れに逆行する危険な国になりつつある」との国際批判を受けている。この「危険な国」のニュアンスには，憲法改正や軍備増強の話までも含まれている。今の日本は，国際NGOが授与する「化石賞」という不名誉な賞の常連受賞国であるなど，世界での評価は急落している。実に悔しいことである。

　財布の中身を守ることだけでない。地球温暖化防止は，本書の主題である災害防止においても不可欠な要素となっていることを再認識し，自身で出来ることから着手する必要がある。国際取り決めでは，2050年までに80％の二酸化炭素を削減することになっている。これを直前にハードランディングで実現するか，今日から緩やかに実行してソフトランディングするかは，個人個人の行動にかかっている。2017年にドイツのボンで開催された，気候変動防止条約締結国会議COP23において，フィジーの12歳の少年 Tomasi Naulusala 君は，演説の中で海面上昇によって南の島が沈みつつある危機的な現状を訴え，その防止に対し「どのようにするか？とか，誰がするのか？とかの話ではない。あなた方のそれ

それが何をするか？だ」と主張した。耳の痛い話だ。

　効果ある地球温暖化対策は，一部の人や国，企業，何かの技術革新だけで実現できるレベルは既に過ぎてしまった。世界中の一人一人の行動こそが解決のカギとなる。考えてみてほしい。イメージしてほしい。仮に，お孫さんやお子さんに財産（お金）を残せたにしても，同時に地球温暖化による経済ダメージを残してしまえば，せっかく蓄えた個人財産が増え続ける豪雨災害とともにと消えてしまうかも知れないことを。復旧のために税金もたくさん使われる。経済ダメージ，それも地球温暖化の怖さである。なお，日本では地球温暖化（Global warming）という言葉が使われることが多いが，世界では温暖化にともなう気候変動（Climate Change）が一般的に使われている。

（6）津波災害の危険性

　平成23年（2011年）の東日本大震災は，遠くに住む者にとってもショッキングな災害であった。紀伊半島で暮らす人々は，それまでも，いつかは揺れるであろう東南海地震への漠然とした心配を持っていた。しかし，リアルな問題とまではいかず，何かの具体的な事前対策にまで踏み込む人は多くはなかった。ところが，東日本大震災は，リアルな心配へとレベルを押し上げた。特に，大津波の襲来に対しては，インフラ整備への期待よりも「逃げる」ことへの関心が高まっている。この状況を受け，行政はもちろん，民間ベースでも高台への避難ルートが急ピッチで再整備され，避難訓練も頻繁に行われるようになった。

　紀伊半島全域として，海岸部での津波のリスクは恒常的に高い状態にある。少し内陸であっても，平野部では川を遡った津波被害が心配される。本書の対象とした紀北エリアでは，海岸付近の現役校の58校が津波リスクの抱えた場所が校地に選定されている。これは，エリア内の現役校全体の21％に相当し，割合は低くみられるが，実際には海岸線付近の現役校のほぼすべてが津波リスクを抱えた状態となっている。廃校になった学校では15校，旧校地では26校が危険な場所だと評価されたが，これらも海岸線付近のほぼ全数である。さらに，津波の襲来をギリギリで避けるかのような位置に置かれた校地は現役校でわずか16校，廃校では5校，旧校地では9校に止まった。

　津波は低標高の場所に襲来するものだ。予想される津波高は，紀北エリアでも

第 2 部　災害と学校

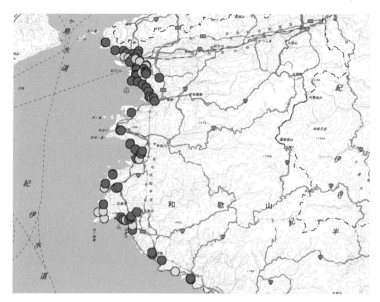

ハザードマップに津波の危険範囲に含まれた学校（●現役校，○廃校および旧校地，地理院 Web 地図を改変）

和歌山市内の自然堤防上は，洪水安全性が高く，かつては武家など身分の高い階層が占有した。写真中央は，平成 28 年（2016 年）に廃校となった雄湊（おのみなと）小学校

最大で数mを上回る。これは非現実的な数値ではない。事実，過去においても，そのレベルの津波は幾度となく襲来している。もしも，津波の被災リスクをゼロにしようとするなら，津波の到達する範囲の土地利用を停止し，高台移転しなければならないことになる。東日本大震災の後，紀伊半島でも行政の庁舎や病院などが高台移転する事例が増えている。計画も多くなった。民間ベースでも高台の団地が飛ぶように売れているという話もある。

　海岸沿いの低地は，紀北では人口の集中する場所では，土地利用の停止は極めて困難な状況にある。紀北の中で人口が最も多い和歌山市では，砂山地区などの自然堤防上の場所を除き，高さ1〜2mクラスの津波が中心市街地のほぼ全域に到達する可能性が予想されている。当然のことだが，そのエリア内の都市機能のすべてを高台に移転できるような土地はない。非常に悩ましい問題に直面している。これは，昔も同じだったようで，大半の学校は，津波のことまで考慮した校地選定はさすがに実現できていなかったことが，本書の調査結果から明らかになった。

　津波への心配のことはさておき，廃校になった日高町の阿尾小学校の立地は，ある意味において見事である。ほとんど波打ち際に校舎が建っている。最初，この校舎を見た時，津波はもちろん，ちょっとした台風でも波に洗われるのではないかと心配したほどだった。この当時は，まだ廃校ではなかった。学校は，5〜10mの高さの津波の襲来リスクがあると評価されている位置にあるが，阿尾地区の大半が同程度のリスクを抱えており，しかも山が海岸付近に迫っている。学校だけを安全な場所に置くことは困難であったとみられる。つまり，無知が故に危険な場所に学校を置いたということではなく，やむを得ない措置であったのであろう。

　阿尾地区には「阿尾の湿地」といわれる，貴重な自然として保護されている海跡湖がある。海跡湖は跡地湿地も含めて紀伊半島には数カ所しかなく，水面と湿地の両方を備えたものは「阿尾の湿地」だけである。昭和42年（1967年），この貴重な湿地を含めた小さな半島に原発を誘致するという構想が町長から出され，町議会で一旦は承認される。しかし，住民の強い反対に遭い，町長は原発誘致構想を白紙撤回する。8年後の昭和50年（1975年），関西電力は，町に対して120万kW級原子力発電所2基の建設のため，小浦地区での環境調査を申し入れた。小浦地区は阿尾地区の北に位置する小さな半島だ。地元の漁協は，昭和

海岸線の目前に建つ阿尾（あお）小学校。平成6年（1994年），廃校，現在は老人ホームとして増築，改装されている

53年（1978年）に環境調査の受け入れを決議する。ところが，翌年にアメリカで発生したスリーマイル島原子力発電所事故の影響を受け，環境調査自体が凍結される。しかし，昭和56年（1981年）になると，関西電力による陸上部での環境調査が開始される。

昭和59年（1984年）からの海上調査に対しては，住民が推進派と反対派に二分され，結論は出せなかった。昭和61年（1986年）のチェルノブイリ原発事故の影響を受け，周辺市町村を巻き込んだ反対運動が活発化する。平成2年（1990年）には反対派の町長が当選する。3期12年務めたため計画は進まなかった。平成14年（2002年）の町長選挙でも反対派の新町長が当選し，平成16年（2004年），関電に対して原発建設の中止を申し入れた。平成17年（2005年），国による開発促進重要地点の指定が解除され，計画は中止となった。この一連の話は，日本における原発建設を遮った住民活動の「成功例」として名を残すこととなった。

阿尾の湿地，小浦とも貴重な自然地であるため，開発を逃れたことは今日的には意味のある判断であったと評価されている。それだけでない。いずれの計画地も，10mクラスの津波の襲来リスクを抱えた場所であり，東日本大震災の福島

貴重な自然が残る阿尾（あお）の湿地には，かつて原子力発電の開発構想があった

第一原発事故を経験した今となっては，当時の賛成住民の中にすら胸をなで下ろす思いでいる方もお見えになると聞く。ところが，和歌山県では，平成29年（2017年）頃から，白浜町内における使用済み核燃料の中間貯蔵施設の候補地としての調査が検討され始めた。町長は反対の意を表明しているが，不安に思う住民もいると聞く。また，原子力発電環境整備機構による地下処分場候補地の募集は全国規模で展開されている。このような事態に対し，和歌山県知事は，負担を後生に残さない判断を各自治体に対して呼びかけている。

小泉八雲（ラフカディオハーン）が原作し，後に日本語翻訳され，戦前の教科書にも採用されたことで広く知られるようになった津波の物語『稲むらの火』。その舞台となった広川町は，現在では「津波防災のまち」として世界的に有名になっている。『稲むらの火』は，史実をベースにはしているが，史実と物語の間にはいくつかの食い違いがある。史実では，当時35歳だった青年実業家の濱口梧陵（はまぐちごりょう）が，1）嘉永7年11月4日〜5日（1854年12月23日〜24日）の安政東海地震によって，5日の夕刻に来襲した津波の際，稲むら（収穫，脱穀後の藁の山）に火をつけるなど，住民の高台への迅速な避難に貢献し，2）

第2部　災害と学校

広川町の防潮堤。濱口御陵が私財を投じて築造した

事後に私財を投じて防潮堤を築造したというものであった。濱口御陵によって防潮堤は築造されたが、広川町の市街地は、今でも全域が津波リスクを抱えた状態となっていて、市街地の学校のいずれもが、3～5mの津波到達範囲に置かれている。濱口梧陵はさまざまな社会事業を手掛け、教育、医学への支援も行っている。後に政治家となるが、その手腕も高く評価されている。

物語「稲むらの火」と史実との対比

人物	年老いた村長　五兵衛	35歳の実業家　儀兵衛（濱口梧陵）
住居	高台	町中（海岸近く）
地震	「別に烈しいといふ程のものではなかった」	「其激烈なる事前日の比に非ず」
津波の発生日	稲穂が実る秋	12月24日（新暦換算）
燃やしたもの	稲穂が付いた稲の束	脱穀を終えた藁の山
着火のタイミング	津波の襲来を予知	津波の襲来後
目的	事前の避難勧告（誘導）	事後の避難誘導

2．災害履歴のある学校

（1）洪水 —水害で繰り返し流失した学校

　和歌山県内における主な大雨災害として，明治以降では，1）明治22年（1889年）8月18日〜20日にかけての台風の影響による豪雨（紀和大水害，和歌山県を示す紀州と奈良県を示す和州を併せた呼称），2）昭和28年（1953年）7月17日〜18日にかけての梅雨前線の活動による豪雨（7・18水害，紀州大水害），3）平成23年（2011年）8月30日〜9月5日にかけての台風12号に伴う大雨（紀伊半島大水害）などが挙げられる。

　1）では県内で1,200人を超える死者，2）では1,000人を超える死者行方不明者が出て，約25万人の県民が被災したといわれている。この水害の呼称は一般には，発生年から「2・8（にはち）水害」ともいわれるが，同年には9月25日に県下に大被害を与えた台風13号が発生しているため，7月18日の水害について本書では，『和歌山縣災害史』に準じて7・18水害と呼ぶことにする。また，3）では，インフラ整備が進んだ現代においても，死者行方不明者が61名という大災害となり衝撃的だったことも記憶に新しい。

　和歌山県の災害史において，河口近くまで小さな平地と狭隘な谷を形成している有田川や日高川流域はしばしば洪水を起こし，出水も早く大被害を受けてきた。1）と2）の水害はその代表的なものであった。

　河川流域に迫る山間部の狭い谷あいに点在する集落には村の子らが学ぶ学校があり，小さな木造の学校は繰り返し襲う災害にひとたまりもなく崩壊し，流失した歴史をもっている。

①有田川流域の学校
校舎を新築した直後に洪水で流失　—小川小学校

　有田川中流右岸の支流，早月谷川（はやつきたにがわ）流域に位置する小川小学校は，明治の開校以来，頻繁に洪水被害を受けた学校だ。早月谷川は，生石ヶ峰から西，長峰山脈の南麓に広く水源を持ち，旧金屋町のほぼ中央部を西流する河川。現在の小川小学校は，早月谷川の右岸面前に位置している。かつての校地

は頻繁に洪水に襲われ，幾度となく移転を繰り返し，現在地に落ち着いた。

　明治期における小川小学校の沿革と災害との関係は次のようになっている。明治10年（1878年）頃，当時の小川村において徳田小学校（御霊村）から校区を独立し，昌盛小学校，吉田小学校，伏羊（ぶよう）小学校が創立 → 明治15年（1882年），昌盛小学校は吉田小学校を合併 → 明治20年（1887年），伏羊小学校を統合し，小川字福井にあった共有の土蔵を修繕して校舎とするが，8月30日の台風で校舎が全壊。そのため最初に学校が置かれた薬王寺内の観音堂を借用して授業を継続 → 明治21年（1888年）9月，昌盛小学校は小川尋常小学校と改称。新校地として，小川と吉田の境界である小字新田に校舎を竣工して移転する。しかし，数日のうちに台風が来襲し洪水が発生。新築したばかりの校舎の大半が流失 → そこで再び薬王寺の本堂を仮校舎として授業を開始する。このように開校以来，台風と洪水により校舎を失い，校地を転々とした。

　その後なかなか新校舎の再建は実現せず，長く薬王寺の仮校舎で授業を続けていたが，ついに明治34年（1901年），早月谷川左岸の福井116番地に新校舎を建築し移転した。小川尋常書学校は，明治41年（1908年），当時の鳥屋城（と

薬王寺（写真中央）。山麓の高い位置にあたったため，洪水には強かった

現在の小川小学校

やじょう）村4校（中野，金屋，小川，長谷川）の尋常小学校を統合した鳥屋城村立鳥屋城尋常小学校が誕生すると分教場に格下げとなった。戦後には，鳥屋城小学校の分校となるが，この間に現在地へと移転している。そして昭和58年（1983年），小川分校は鳥屋城小学校から独立，小川小学校として今に至る。

　早月谷川は，長峰山脈の黒沢山付近を源流とし南下する五名谷川と青田集落で合流し，また，立石集落あたりに源を発する伏羊川と小川集落で合流する。さらに西方の2川（玉川，釜中谷川）が下六川集落で合流し，約1km南下して糸野集落で早月谷川と合流，有田川へと流れるのである。早月谷川は支流とはいえ，多くの枝谷（しこく）を持ち，その流域は旧金屋町の北半分を占めるほどである。小川小学校は標高49.7mと面前の早月谷川より約8m高い位置にあるが，未曾有の豪雨になると，その程度の標高差では洪水に見舞われてしまうことがあり，実際に何度か浸水被害を受けている。しかし，現在の小川小学校の周辺は，洪水被害のリスクの低い地区だと評価されている。ハザードマップに危険地域としての記載がない。様々な治水事業の成果であろうが，過去の災害履歴をみる限りにおいては，用心しておく必要があろう。

第2部　災害と学校

昭和23年（1948年）8月の有田水害で地区に大打撃を与えた伏羊（ぶよう）川

　時を経て，昭和23年（1948年）8月26日から27日にかけて，有田郡中部を中心にものすごい豪雨が襲い，有田川，日高川は各所に河川氾濫の被害をもたらした。「有田水害」である。鳥屋城小学校百年史はこの日のことを次のように記述している。

　「8月27日，昨夜豪雨あり，伏羊，吉田，小川の橋ほとんど破壊流失して交通途絶。有田川の水増加しつつあり金屋橋の通行も危険と感じる。臨時休校。

　伏羊橋流失，前川橋破壊不通となり，長谷川，伏羊，吉田区の被害特に甚大。

　本校児童についての被害，死亡2，全壊9，中壊23，床上浸水55，床下浸水272，田畑荒廃311」

　有田水害では，鳥屋城村の吉田，長谷川地区が最も被害が大きかった。山津波，ため池の崩壊，松の大木が根こそぎ押し流され，岩石が無数に路上に転がった，と記録されている。

たった2か月で相次いだ大水害　―7・18，9・25と流域の学校

　「昭和28年7月17日夜から18日朝にかけて，県北部を襲った梅雨前線による

豪雨はものすごく，かつ雷を伴ったところ多く，短時間に希有の大雨を降らしたため，未曾有ともいうべき惨禍をもたらした。この豪雨は18日の未明に最もはげしく，有田，日高の両郡東部から奈良県南部にかけて24時間雨量400mm以上の大量に及び，龍神村（現在の田辺市龍神）では450mm，八幡村沼（注，旧清水町の山間の村，現在の有田川町沼）では430mmを観測した。護摩壇山上に降り込められた人の話によれば，おそらく500mm以上の豪雨であったろうと推定される。しかもそのほとんどの雨は18日未明の数時間内に集中降下したため，有田川，日高川，貴志川（紀ノ川の支流）をはじめ各河川は俄に増水し，記録的な大洪水となった。そのため，山地には山津波が起こり，平地では河川の堤防は決潰（けっかい）して河水が氾濫し，土砂や流木を押し流す濁流は滔々（とうとう）として狂奔し，一瞬にして人畜，家屋，校地を呑んで一面の泥海と化し，随所に壊滅な災害をひきおこした…」。近畿各大学連合水害科学調査団，和歌山水害報告書の一節である。（『和歌山縣災害史』（　）は筆者注）

　昭和28年（1953年）の7・18水害による被害は，死者615人，行方不明431人，家屋の全壊流失8,600余，被害者総数は25万人超，被害を受けた義務教育施設は217校と記録されている。

　また，この水害では降水量そのものも多かったが，短時間の急激な豪雨が特徴であった。有田川の山間地上流部では，強い雨が降り始めてから2時間で増水を始め，18日午前4時頃から各河川が決潰し始め，田畑も家も学校も，たちまちに一面を泥沼化してしまった。中流部の粟生（あお）では18日午前10時には最高水位16.4mに達した。これは5階建てビルが水没する深さだという。この出水は46時間にわたって続き，有田郡では総人口の約6割が水害の被災者となった大惨事であった。日高川，貴志川でも未曾有の大出水を記録した。

　7・18水害により被害を受けた県下の主要公共建物のうち小中学校は，『和歌山縣災害史』によると次のようであった。

全壊　請川小学校（現田辺市本宮町），岩倉村峯口小学校（現有田川町）
半壊　野口村小学校（現御坊市），敷屋村中学校（現新宮市熊野川町），敷屋村小学校（現新宮市熊野川町），三里村小学校（現新宮市熊野川町），岩倉村栗生小学校（現有田川町），城山村小学校（現有田川町）
流失　長谷毛原村毛原小学校（現紀美野町），宮原村小学校（現有田市），早蘇

村中学校（現日高川町），船着村中学校（現日高川町），寒川村第三小学校（現日高川町），九重村中学校（現新宮市熊野川町），石垣村中学校宇井分校（現有田川町），安諦村中学校沼谷分校（現有田川町），安諦村小学校沼谷分校（現有田川町），岩倉村岩倉中学校（現有田町）

なお，上記の岩倉中学校について，『和歌山縣災害史』には岩倉村栗生中学校と記載されているが，岩倉中学校は被災後，住所地を粟生（あお）地区に移転したための誤記であろう。

有田川流域では，有田川左岸，御霊村（後の旧吉備町，現有田川町）の沿岸地区である德田集落が全て流失した。さらに上流域の各地区では沿岸の家屋のほとんどが流失，橋は全て流失し，有田川両岸の交通は途絶した。

また，有田川流域の学校の被害状況について，7・18水害に関する被害の記載がある学校沿革史などからわかった情報を整理すると次のようであった。（現）は現役校，（廃）は廃校である。

有田市立保田中学校（現）全校舎基礎から流失

有田市立保田小学校（現）校舎1棟流失

有田市立文成中学校（現）校舎軒下浸水。流失寸前であったが，免れる。生徒3名死亡

有田市立宮原小学校（現）全校舎基礎から流失。児童17名死亡

有田市立糸我小学校（現）沖，真砂，地蔵堂の一部を除き全村（当時）浸水

有田市立御霊小学校（現）校区大水害，児童4名死亡

有田川町立鳥屋城小学校（現）校区大水害，児童2名死亡

有田川町立石垣小学校（現）学校被害なし。児童の家屋28戸流失，通学路の橋梁流失

有田川町立石垣中学校（現）学区内田畑，道路，橋梁ほとんど流失。川沿いの上松原地区の民家90％流失

有田川町立石垣中学校／修理川小学校宇井苔分校（廃）校舎は地区の民家もろとも土石流で流失。地区で残った民家は50数戸のうち9戸

有田川町立五西月中学校（廃）石垣が20mにわたって崩壊，校舎の一部も破損，運動場も流失

金屋町立峯口小学校（廃）校舎の2/3全壊，1/3半壊。校区の流失家屋48戸，全壊19戸，田畑流失

清水町金屋町組合立岩倉中学校（廃）　午前6：55，門柱1本残し校舎流失

有田川町立粟生小学校（廃）　校舎倒壊

清水町立五郷小／中学校（廃）　中学校生徒2名行方不明

清水町立安諦小学校沼谷分校（廃）　河床が10m上昇する土石流発生し，校舎全壊。児童の死者行方不明6人，地区の死者行方不明25名

清水町立安諦中学校沼谷分校（廃）　落成後2年の校舎を流失

　不幸なことに，この大水害の翌々月の9月25日，台風13号が全県に大暴風雨をもたらし，7・18大災害の復旧の途についていた応急復旧工事のほとんどを破壊，流失させてしまった。そればかりか更なる大被害をもたらした。当時の記録写真によると，有田川流域では，7・18水害で流失した宮原橋，切断破壊された保田橋の，復旧のために架けた応急的な仮橋が無残にも破壊，流失している。県では，十数億の巨費を投じて復旧工事に全力を尽くしていたが，それもほとんどが流失破壊。被害総額は232億にのぼったと記録されている。田畑も集落も再び洪水に荒らされ，人々は，財産，体力のみならず，絶望のあまり精神もまた激しく打撃を受けたことだろう。

水害と感染症の恐怖　― 宮原小学校，保田小学校

　7・18水害は，上流部の山間部において短時間で驚異的な降水量があり，それが「衝撃波」のような山津波を頻発させた，瞬間的に急激に川を増水させた，土石流の破壊力がすさまじかった，さらに橋にせき止められた山のような流木が被害を増大させた，と分析されている。中下流部では，海を埋め尽くすおびただしい流木，川を埋め尽くす流木とともに流れていく家屋，橋桁に大量の流木が押し寄せ無残に破壊流失した宮原橋などが記録写真に残っている。

　宮原小学校では，校舎がすべて基礎から流失するほどの被害だった。宮原地区では住民129名が死亡し，そのうち宮原小学校の児童が17名死亡した。校区の文成中学校では流失は免れたが，生徒が3名死亡。校舎に迫った泥土は1mに達した。さらに下流の対岸にある保田小学校では校舎が1棟流失し，児童4名が死亡した。保田中学校も流失してしまった。

村々が水没するほどの巨大な濁流の中で，子どもたちは無我夢中で親とともに逃げたことだろう。生き延びたことが奇跡であった。

　洪水が去った後には，感染症が大量に発生する危険性がある。あらゆるものが濁流の中でごちゃまぜになり，汚泥にまみれ，公衆衛生のしくみが破壊されてしまうからだ。頻繁に氾濫域にあった地区にはそのリスクは高く，昭和32年（1957年）8月，保田小学校よりさらに下流の箕島第一小学校（現在の箕島小学校）の井戸水から集団赤痢が発生し，市内一円に蔓延し，児童生徒一般を含めて約400名の患者と保菌者を出した事件もあった。この集団発生を発端として，和歌山県ではこの年，898人もの多数の患者を出した，と記録されている。

　7・18水害から1週間後，保健所は有田川流域地域に，赤痢患者発生を発表した。保田地区に赤痢2名，疫痢1名発生し，流域の箕島，宮原，広，南広，岩倉地区に各1名の疑似赤痢患者が発生。保健所は，宮原，保田を赤痢菌汚染要注意地区として指定した。この年，和歌山市，海草郡，伊都郡など紀ノ川筋にも赤痢が多く出て，県下で1,023人という大発生となった。感染症の恐怖は，公衆衛生が整備されていない時代には，和歌山県だけでなく，日本中のどこでもしょっちゅう

保田小学校（現役）

起きていた事件であった。現在の清潔な暮らしを手に入れた生活は、まだまだ日が浅いのである。

　大水害と感染症の恐怖に加え、さらに追い打ちをかけるように2か月後には台風13号が県下に大暴風雨をもたらし、有田川流域は再び水禍に破壊されるのである。

　宮原小学校では、7月18日を「水害記念日」とし、昭和30年（1955年）から毎年、この災害で犠牲になった「同窓生」の慰霊祭を行っている。児童、父兄も参列し全員で黙祷し、経験者の話を聞き、悲劇を後に伝える教訓としている。

　現在では、清潔な水辺で管理された河川の流れのもとで暮らしている。しかし、災害の脅威は想像を超えたところでやってくる。自分たちの学校が体験した災害の記憶を子どもたちに伝え、災害のリアリティを学ぶよい機会となっている。

日本一長い廊下をもつことになった学校　—峯口小学校

　7・18水害は、流域の下流から上流まで大量の泥土や流木に埋まるほどで、被害後1か月経ってようやく山間奥地との連絡がとれるようになったと記録されるほど、復興は困難を極めた。有田川の中流域、金屋町の東端の地区である岩野河には、有田川流域の木材を流下する筏組の集団があった。自動車輸送がない時代、奥地の木材の輸送はもっぱら筏送であり、筏師は羽振りもよく、流域の男子のあこがれの職業でもあった。

　そのような川の村であった当時の岩倉村岩野河に位置した峯口小学校は、蛇行する有田川の目の前に建っていた。校舎は明治40年（1907年）、義務教育が6年になったのに伴い新築して以来の立地である。この峯口小学校は、7・18水害において「全壊した主要公共建物」のひとつとして県の災害史にも記録されている。校史によると、校舎の3分の2が全壊、3分の1が半壊した。死亡した児童はなかったが、校区の流失家屋は48戸、全壊18戸、田畑の流失も多く大被害であった。昭和25年（1950年）の岩倉村の戸数は605で、大字は岩野河、川口、立石、谷、粟生（あお）である。粟生には粟生小学校があった。粟生を除く大字を校区とする峯口小学校の児童数は当時、約150名であった。児童の3割以上の家屋が流失被害を受けたと想定される。

　岩野河より下流の川口は、地名の由来は『紀伊続風土記』によると渓谷の入り口に立地することによるといわれ、有田川はこの川口から西の粟生に至るまで村

平成9年（1997年）に休校し，平成14年（2002年）に廃校となった峯口小学校

内の山間を縫って蛇行を繰り返す。川口地区では7・18水害で地区のほとんどが流失したと記録されている。さらに上流の粟生小学校の校舎は濁流にのまれることで倒壊した。

　校舎の3分の2も失った峯口小学校では，半壊した校舎や会館などで分散授業を進める一方，校舎の復旧を進めた。昭和29年（1954年）に第1棟165坪，第2棟の調理室9坪，第3棟の特別教室25坪の計199坪の新校舎が再建され，同年内に竣工した。水害前の校舎は校地の南側（川寄り）にあったが，新校舎は北側の県道沿いに建てられた。分散授業中，給食（完全給食）を各教室に配達する当番は児童が担当したが，校外に仮設置した遠い教室では半日の移動時間を必要としたという。このため「日本一長い廊下（配膳のための遠い道のりを廊下に例えた）」を持つ学校との逸話が生まれた，と当時の生徒から証言を得た。

　配膳の行き帰り，給食担当の児童が道草をしたかどうかは別として，災害後の長い年月が経っても記憶に残る子どもなりの苦労話である。未曾有の被災からの復旧作業が続く中，不便の中でも長い長い「廊下」を渡り，「学校の日常」は営まれていた。

門柱1本を残して流失。2年後，地域唯一の鉄筋校舎が完成 ―岩倉中学校

現有田川町岩野河地区と粟生地区は，平成の合併以前，岩野河は金屋町，粟生は清水町に属していた。さらに昭和34年（1959年）の合併以前は，ともに岩倉村の大字であった。昭和22年（1947年），岩倉中学校が開校するが，校舎建築が間に合わず，村内の3小学校の教室を借りて分散授業を行っていた。昭和24年（1949年），岩倉村岩野河に新校舎が完成し，生徒たちは分散授業を終了し，ようやく新校舎に移転した。

7・18水害が襲来した7月18日の未明，数時間のうちに増水した有田川は，岩野河地区をも襲った。午前6時50分，新築4年の岩倉中学校の校舎は，門柱1本を残しただけで全て流失してしまった。やむを得ず，職員室を村役場に置き，仮校舎として，天理教会，役場2階，農協2階や寺を借り，川原や露天などにも分散して授業を再開。学校復興まで生徒たちは再び校舎を持たない不便な環境で学ぶことになった。

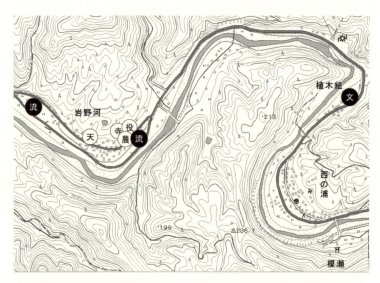

岩倉中学校（中央の流）は昭和28年（1953年）の7・18水害で校舎を失ったため，しばらくは分散授業を余儀なくされた。生徒たちは法音寺（寺），天理教の教会（天），旧役場（役），農協（農）にちりぢりとなった。その後，昭和30年（1955年）に上流の粟生（あお）地区に鉄筋コンクリートの校舎を完成させた（文）。左上の（流）は同じく水害で流失した峯口小学校（地図は地理院Web地図を改変）

新校舎建築に関しては，村当局，議会が研究協議の結果，校地は流失した岩野河地区ではなく粟生地区に移転することを決定し，昭和30年（1955年），念願の新校舎が完成した。鉄筋コンクリート造り2階建ての立派なもので，いち早く当地方に完成した唯一の鉄筋校舎だった。災害に強い鉄筋校舎の導入は，村当局や議会が「二度と災害の犠牲になりたくない」と意を決し計画したものであった。
　有田川中下流の学校は，前述のように，7・18水害では軒並みに流失したが，昭和30年（1955年）から順次，宮原小学校，文成中学校，保田小学校（一部），初島小学校，箕島第一小学校，田鶴小学校などが鉄筋校舎に建て変わった。
　昭和28年（1953年）の水害を契機に，国では被災建物面積の30％を鉄筋とすることを復旧計画に盛り込み，和歌山県でも災害後に鉄筋校舎の申請が相次いだ。県内の学校の木造校舎と鉄筋校舎の割合は，昭和33年（1958年）度に小学校で木造92.7％，鉄筋7.3％，中学校で木造93.7％，鉄筋6.2％，その他0.1％であったが，昭和47年（1972年）度には小学校で鉄筋が51.1％と木造よりも多くなり，昭和49年（1975年）度には中学校で鉄筋が49.9％と急増している。
　本誌でも第1部で木造校舎の数々を紹介しているが，個性的で味があり，可愛らしくなつかしい，そんな温もりを醸し出している木造校舎はだんだんと姿を消していった。
　ところで岩倉中学校は，新校舎完成の4年後，昭和34年（1959年）の町村合併で，岩野河地区は金屋町に，粟生地区は清水町に属することになり，今まで同一だった校区が別の町になってしまった。そこで岩倉中学校は，両町の組合立学校となり，校名を金屋町清水町組合立岩倉中学校とし，学校事務は両町が2年毎に交替で行うこととなった。こうして山村どうしが協力しながら学校運営をしてきたが，昭和52年（1977年），ついに廃校となった。その際，校区の中で上流域の生徒は新設された白馬（しらま）中学校に，下流域の生徒は金谷中学校（現在の鳥屋城中学校，当時の校地は現在の鳥屋城小学校の位置）へと分散された。この白馬中学校も，平成29年度（2017年度）いっぱいで廃校となり，10km以上も上流の八幡（やはた）中学校と，同程度の距離にある下流の鳥屋城中学校に分散された。校区内の粟生小学校も平成27年（2015年）に休校となり，鳥屋城小学校に合併された。学校の統廃合は，児童，生徒たちにとって，新しい出会いとなるが，寂しい別れも同時に引き起こす。

②日高川流域の学校
日高川決壊で仲直りした村の，洪水の度に避難所となった学校 ― 藤田小学校

　日高川は，和歌山県を流れる川では，熊野川，紀ノ川に次ぐ総延長をもち，和歌山県内だけの長さでは最長である。護摩壇山に源を発し山間地を大きく蛇行しながら流れる，古くは上流の木材を筏送する男たちの川であった。急流であり流域の雨量も多いため，このダイナミックな川は繰り返し氾濫し洪水被害をもたらした。

　明治22年（1889年）8月19日〜20日，暴風雨と大洪水が県土を襲った。県下の浸水町村は，1市2町200村，死亡者1,221人，橋梁流失2,454か所，山崩れ31,400か所。歴史に残る大災害であった（注，『紀州災異誌』1955年による。明治22年9月発表官報とは異なる）。

　日高郡内でもっとも悲惨な被害を被ったのは，日高川下流部の矢田村（現在の川辺町）であった。蛇行する日高川のU字型のふところに抱かれたような農村地帯であり，現在のハザードマップをみても洪水リスクは依然として高い場所だ。日高川のハザードマップは本書98頁に示してあるので参照されたい。河畔の大字若野では，全戸数37戸（60余戸という記録もある）のうち山上の2戸を残して田とともに川に沈んだという。

　河口部の御坊町薗浦（現在の御坊市薗）に置かれていた郡役所は，上流の藤井村（現在の御坊市）の堤が決壊したために孤立し，建屋の四方に巨木が流れ来て集まり，22日の午後には庁舎の棟の上になお3尺（約1 m）の水があったという。屋根だけを残して建っているような状況だろうか。役所の帳簿や器具類は皆泥土の中に埋没してしまった。また，御坊町のほとんどの家屋が水害を被る中で，地区の中で少しだけ標高が高かったため唯一床下浸水であった本願寺日高別院に数百もの人々が避難したという。

　日高下流右岸に位置する藤田小学校は，明治10年（1877年）に同じく右岸に隣接する吉田地区の吉田小学校と藤井地区にあった藤井小学校が統合。明治20年（1887年）藤井高等尋常簡易小学校となった。また，学校のある当時の藤田村は，明治22年（1889年）に吉田村と藤井村が合併して成立。村役場は藤井に置いた。しかし，製紙業を中心に日高地方で有数の商工業地である藤井と農業地であった吉田との合併は円滑には進まず，一部では遺恨を残していたようである。

　合併の年の明治22年（1889年）8月19日〜20日の洪水では，藤田小学校の

昭和28年（1953年）の7・18水害で壊滅的な被害を受けた若野地区は，明治22年（1889年）紀和水害でも大被害を受けている。川辺町は現在の日高川町川辺

校舎は無事だったらしく，「校舎を被災者に開放した結果，教室が使用できずに3か月間の休業となる」と校史は伝えている。

　水が去った後も泥土は屋内に数十cm以上も堆積し，おびただしい流木が村中の至る所に累積している有様で復興は困難を極めた。すべて人海戦術による復興である。

　復興への労苦を共にする中で，合併を快く思っていなかった藤井地区と吉田地区の住民たちの間に，自分たちの村のために共同する意識が芽生えたという。大変な危機が人の絆を強くしたのだろう。本当の意味での新しい村づくりの始まりでもあった。

　この後も日高川は度々水害を起こした。明治27年（1894年），暴風雨水害に見舞われ，さらに明治37年（1904年），藤田小学校は，現在地に移転したが，同年，暴風雨により日高川が決壊し，藤田小学校は校舎を避難所に開放している。

　昭和28年（1953年）の7・18水害で，日高川は決壊。日高平野に濁流が氾濫した。明治の大水害で水没した若野の堤防を破壊し，明治の水害以降，人家は山際の高

明治37年(1904年)まで藤田小学校が置かれていた専念寺。現在のハザードマップをみても，危険範囲には含まれていない

地に移っていたが，それでも流失する家が出た。若野地区は川が大きく蛇行する位置にあるため，急流が流下速度を下げてしまい，水位上昇が起こりやすい場所である。このために，繰り返し洪水の被害を受け，現在のハザードマップでも危険な範囲に含まれている。明治の水害当時まで，藤田小学校は近隣地の専念寺を校舎としていたが，表の寺門で地上133cmまで浸水したと計測されている。この時も，藤田小学校は避難所に校舎を解放している。2学期になっても被災者の一部が残留していたため，校区の大成中学校も借用して二分授業を行ったという。

　繰り返し河川が決壊する流域の村で，危機は人の心を結びつけ，さらに学校は，身も心も疲れ果てた被災者の拠り所であった。立地や建築上の優位性だけではない，安心と包容力が学校にはあるようだ，それはおそらく現代も変わらない。

上流域山村の学校被害

　7・18水害における日高上流部の小学校の被害はどうだったのだろうか。旧美山村誌から上流部の小学校から順に被害状況を拾ってみる。

寒川第一小学校　本校の給食場流失，運動場に土砂堆積，被災者のために3教室開放。

寒川中学校　生徒1人死亡，教員住宅流失。10月3日，村民による水害復興大会として部落対抗野球試合を行う。

串本小学校　校舎東端1教室流失，他の教室職員室1mの浸水，校庭に多量の土砂流木が堆積する。

愛徳中学校　本校校舎被害なし。串本分教場は校舎に土砂流入により大被害。

笠松小学校猪谷分校　埋没，教員一人が殉職する。昭和29年7月，猪谷分校災害復旧落成式を行う。

上初湯川小学校　児童2名死亡，17名の児童の家流失。道路決壊のため臨時休校，学校は避難所となる。

川原河小学校　道路は各所において大崩壊するが，校舎に被害はなかった。

美山中学校　本校の階下全部が水没，床上1mに泥土流木が堆積した。本校生徒7名が自宅で死亡した。

昭和28年（1953年）の7・18災害時には，床上1mにまで泥土，流木が襲った美山中学校（現役）

さらに上流の旧龍神村の小中学校では,「南部高校龍神分校新校舎予定地の水田が水に浸かる。昭和30年, 中山路村安井460に新校舎落成移転」とあり, それ以外に特別の小中学校被災について村誌には記録されていない。

③紀ノ川流域
水害の度に浸水した「渡し場」の学校　―　麻生津 (おうづ) 中学校

　水に浸かった校庭で, 机や椅子の片付けをしている生徒たち。生徒らはズボンを膝まで上げ, 白いシャツの袖をめくり, 学生帽を被っている者もいる。校庭に流された机などを回収して泥を洗っているのだろうか。あるいは, 堤防の上で, 教室から流れ出た机や本を乾かす生徒たちの光景もある。

　前者は昭和33年 (1958年) 8月25日の17号台風, 後者は昭和28年 (1963年) 9月25日の台風13号における災害の記録写真である。写っているのは麻生津中学校 (旧那賀町, 現紀の川市) である。麻生津中学校は, 昭和期の台風災害の記録写真にしばしば登場する。それほどに頻繁に浸水被害を受けている。

『紀の国名所図会』(加納諸平, 神野易興著, 文化8-天保9 (1811～1838) (国立国会図書館デジタルコレクション, パブリックドメイン)

麻生津は，紀ノ川中流部左岸の地区で，古くから紀ノ川の水上交通の要所で，対岸を渡し船が行き交う渡し場があった。麻生津は，高野山寺領であり，高野山に至る参詣道のひとつに麻生津道があった。巡礼者らは麻生津の渡し場で紀ノ川をわたり，そこから標高500mの麻生津峠を越えて高野山へと向かった。「この峠には茶店があり眺望が甚だよい」と『紀の国名所図会』には書かれている。峠は標高が526mあり西は淡路島まで見渡せる位置にある。医聖として有名な華岡清州の先祖はこの土地に移り住んだという。

　このような麻生津村の中学校，麻生津中学校は，かつての渡し場があった紀ノ川河畔の堤防沿いに立地していた。昭和40年（1965年）に廃校となっている。しばしば浸水被害に合うような場所に，なぜ中学校を作ったのだろうか。

　新制中学校発足時は，戦後間もなくであり，社会インフラも資金的にもどこの町村も窮乏状態にあった。急な山肌に広がった麻生津にはこの他にまとまった敷地が準備できなかったのかもしれない。しかし，水害へのリスクがあるとはいえ，悠々とした紀ノ川の歴史の息吹を間近に感じながらの学舎の日々は，ここだけの特権でもあったことだろう。

（2）土石流　──壊滅しながらも立ち上がった山の学校

　7・18水害は有田川上流部を中心に多くの山崩れを引き起こした。有田川沿いには大規模な山崩れ10か所，中程度のものが50か所，山肌がはげた程度の小さなものまで入れると数百か所以上にのぼった。

　6月中旬から長雨が続き，特に山間部ではほぼ毎日が雨という状況であった。これにより「山という山，奥地の山は山崩れの危険があり，7・18の豪雨で，奥地のほとんどの山は一斉に山崩れを起こした」（7・22県議会での報告）」とある。山津波が起こったと記録されている山間の集落の学校や小さな山の分校は，大量の土砂にひとたまりもなく崩壊，流失してしまった。

①河原化した校庭のテントで授業再開
──修理川小学校宇井苔分校，石垣中学校宇井苔分校

　有田川中流の支流，修理川上流域の山間に位置する宇井苔地区は，平家の落武者が隠れ住んだという伝承をもつ山間の地区だ。7・18水害で，修理川小学

校宇井苔分校および石垣中学校宇井苔分校の校舎は地区の民家もろとも土石流によって流失した。2年前に老朽化した校舎を新築したばかりであった。

　修理川の下流域に位置する修理川小学校本校は被害を免れたが，学区内の田畑，道路，橋梁はほとんどが流失し，有田川に沿う上松原の民家は90％が流失した。地区の大半が土石流によって流失した宇井苔地区では50数戸の内かろうじて残った民家はわずか9戸だった。授業は9月中旬から再開したが，児童と生徒たちは，神社や寺の一隅や土砂で河原化した校庭に張ったテントの中で辛抱しながら授業を続けた。

　石垣中学校の本校は有田川左岸に立地するが，有田川の橋はことごとく流失してしまったので，対岸の松原，歓喜寺からの通学生徒は渡し船で学校に通った。その生徒たちの安全を確認するために，職員は毎日生徒を送迎したという。

　昭和30年（1955年），宇井苔分校の校舎がようやく竣工した。新校舎は，2教室，職員室，物置など54坪で，教員住宅17坪を付設した。しかし，被災した住民のうち20戸は地区外に離散していた。

　昭和35年（1960年）8月11日，台風襲来による豪雨のため宇井苔分校は再び

宇井苔分校跡。現在は道の駅しらまの里として営業している

甚大な被害を受け，教員住宅と運動場の半分を流失してしまった。宇井苔分校は2度に渡る水害を被り，復旧には大変な苦労があった。

　災害の危機に常にさらされていた山村にも，昭和39年（1964年）に待望の電話が開通し，テレビも受信できるようになった。しかし，昭和61年（1986年）に休校，平成3年（1991年）に廃校となった。学校跡地は現在，道の駅しらまの里として営業している。

　繰り返し容赦のない災害に押しつぶされながらも，泥砂の中から這い上がった住民，児童，生徒，先生たちがたとえ野外でも授業を続け，また親も子を学校へと送り出した。小さな集落の中の学校は復興への励みであったことだろう。しかし，進行する過疎化の中で，励まし助け合いながら学校の復興につとめてきた集落も，とうとう力尽きたのかもしれない。

②区民と生徒の勤労奉仕で校舎復興　——早月小学校，五西月小学校

　有田川右岸の山間部に位置する五西月（さしき）地区は，旧金屋町の中央部から東部に広がる15の大字に4,000人余りが住む五西月村だった。昭和30年（1955年）に旧金屋町（現有田川町）の一部となる。

　昭和23年（1948年）8月26日の夜から27日にかけて998mb（現在のhPa）の熱帯性低気圧が朝鮮半島を通り日本海に抜けた。そのために活発化した前線が和歌山県を通過し，有田郡中部を中心に大変な豪雨をもたらした（有田水害）。特に鳥屋城地区の被害が大きく，山津波，ため池の崩壊など壊滅的な被害を被った。有田水害では死者，行方不明20名と記録されているが，半数以上の11名が鳥屋城地区の罹災者であった。

　山間部の五西月村では山津波の被害が甚大だった。村の東方の子どもたちが通う早月小学校では，地区を襲った山崩れによる埋没で授業を行うのが困難となり10日間の休講となった。さらに，2年後の昭和25年（1950年）9月3日，ジェーン台風により校舎は全壊してしまう。それでも，民家や寺院を借用し授業を継続している。

　早月小学校は，有田川支流，早月谷川の上流部の尾上集落にあり，西隣の集落は同じ校区の大薗である。続紀伊風土記によると，尾上の地名の由来は「山の尾の上にある」ことから，同じく大薗の由来は「山の迫った地形大曽根」の転訛だという。それほどに早月小学校校区は下流部からは峡谷を越え，山間に隔絶した

平成17年（2005年）に事実上の廃校となった早月小学校

谷あいに位置している。

　早月小学校は，昭和13年（1938年），有志の寄付により花崗岩の校門を建てたが，これは現在も現存している。昭和15年（1940年）には，児童数が103名に達したため運動場を約2畝（せ，約2a）拡張することになった。この時，20日間にわたって区民が労働奉仕して完成させた。さらに昭和38年（1963年）には，運動場として校舎の北側の耕地を借用し，3か年の継続的な区民の勤労奉仕作業で完成したのである。

　集落の子どもが学ぶ学校の工事作業には住民の皆で勤労奉仕をする，そのような主体的な学校づくりの精神が地区には生きていた。度重なる災害時にも，そのたびに大人たちは総出で学校復興に力を尽くしたに違いない。子どもたちは大人の背を見て，不便な仮教室でも熱心に勉強を続けたのだろう。

　五西月村の西方の子どもたちが通った五西月小学校は，有田水害による大洪水のため校舎は土砂で崩壊してしまった。そこで，小学校は工費100万円と地元民の労力奉仕で新築したと記録にある。古い記録では，昭和9年（1934年）9月21日に創立以来初めて台風被害を受け，住宅や物置が全壊したとある。さらに

平成27年（2015年）に休校となった五西月小学校

　昭和36年9月16日の第2室戸台風で講堂が傾いてしまい，また改築に努めている。この台風は長時間の暴風雨が吹き荒れた大型台風であった。
　山間地の学校は，土砂崩れや山津波に何度も埋まり流されても，その度に，地区の住民，先生や生徒らが力を合わせ，学校復興を繰り返し成し遂げてきた。絶望にも負けない，決して諦めることない作業だった。また日頃の学校づくりにも集落の皆で汗を流した。
　しかし，少子化には勝てず，早月小学校は平成17年（2005年）に休校となり，現在は福祉施設の農園として活用されている。
　五西月小学校は，平成27年（2015年）に休校となったが，「天空の学舎」と呼ばれたように，今も山上に可愛らしい姿を残している。

③山上の分校と山麓の本校　―五西月中学校

　昭和22年（1947年），新制中学の発足とともに五西月村立五西月中学校が開校した。新制度発足で急遽開校した中学校は，どこも校舎の準備が間に合っておらず，五西月中学校の生徒175名もまた，五西月小学校の2教室，青年学校の裁

縫教室を借りて授業を開始した。しかし，それでも不十分だったため，住民の家の蚕室を改造して2教室としたが，翌年にはさらに生徒数が251名と急増したので，役場横にあった質屋を改造して教室とし，合計4か所で分散授業を行った。

昭和23年（1948年）8月26日夜に襲った有田水害で，間借りしていた五西月小学校は土砂に埋まる大被害を受けた。

借り教室での授業を続けていた五西月中学校は，災害後の昭和25年（1950年），生徒会は自主的な発意で校舎建築促進の嘆願書を村長と議長に出した。そこで，教育委員会や村首脳が話し合いをした結果，建築が具体化することになった。この前年より校地について選定が議論されていたが，結論がなかなか出なかったのだろうか。おそらく，不便な教室での日々に焦れた生徒会の嘆願書により急展開したのである。

校地は本堂と有原にふたつ建つという結論であった。本堂は山上にあり，役場も警察署もある五西月村の中心地の集落である。有原は山麓にあり，有田川支流の中流域の谷間に位置する集落である。有原を本校とし，本堂を分校とした。校

廃校となった五西月小学校と中学校（本堂分校）の立地は土砂災害リスクのある立地にある。特に，中学校の校舎があった，後の小学校の体育館の位置は全体が危険範囲に含まれる（Google Earthを改変，データは国土交通省より）

舎の構造は，それぞれ普通教室 3，職員室，便所を含み約 130 坪，また生徒数も有原本校が 141 名，本堂分校が 147 名と，全く同規模であった。生徒会はひとつとし，教職員も本校と分校を分けずに，週 3 日ずつ 2 校を巡回授業する珍しい運営方法をとった。

本校，分校とはいえ，大差なく平等に扱っている。広い校区の中にあって，近接した山上と山麓に同規模の学校をふたつ作ったのには，校地決定についての集落間の微妙な調整があったのだろうか。

昭和 26 年（1951 年）秋，それぞれの校舎の落成式が行われた。制服も決まった。災害を乗り越えての新しい出発であった。

しかし，わずか 2 年も経たず，昭和 28 年（1953 年）に 7・18 水害に襲われるのである。

山麓にあった有原本校西側の石垣が 20 m に渡って崩壊，校舎の一部も破損し，運動場は流失した。だが父兄や生徒が奉仕作業に精をだし，1 か月でほぼ復旧したという。

有原と本堂の 2 校舎を統合することはその後ずっと議論されたが，結局新しい校地が決まらず，昭和 52 年（1977 年）に町村合併した金屋町立金屋中学校に統一されるまで，遂に一本化しなかった。

④河床が 10 m も上昇した土石流が襲った！　分校は全壊流失，本校は被災者収容所に　— 安諦（あで）小学校，中学校，同沼谷分校

有田川上流部の山村，安諦（あで）村の安諦小学校，同中学校（小学校に併置）の沼谷分校は，7・18 水害で発生した土石流により崩壊流失した。校地も，校舎も備品も全てが泥土と濁流にのみ込まれた。児童の死者不明者は本校で 1 人，もうひとつの押手（おしで）分校で 1 名，沼谷分校で 4 名であった。

17 日夜半からの豪雨により，山崩れによる土砂や樹木は谷川を掘削しながら怒濤のように有田川の本流へと流れ，有田川の川床は急激に高くなり，10 m も地盤が上がってしまった。安諦付近でも 9 m，鳥屋城付近では 6 m 川床が上がったと記録されている。上がった川床の上をさらに川は狂奔し一面の水害を発生させたのである。

この土石流により，沼谷地区では 25 名が土石流で死者行方不明となった。同年 9 月 1 日より寺や民家を借りて分散授業を再開。同年 11 月 24 日，仮校舎が完

成。公民館を6教室に区切り，小学校，中学校いずれも3教室ずつを使用した仮校舎が完成した。

なお本校は高台にあるため被害を免れたので，被災者の収容所となった。

しかし，翌9月25日，台風13号の大暴風雨に直撃され地域に被害が再発。被災した児童生徒は通学困難であったためか，下流域の井谷地区に出張授業を行う，と校史は伝えている。

（2）津波

①海岸の町に生きる ― 印南小学校，同中学校

昭和21年（1946年）12月21日，午前4時19分6秒7，紀伊半島は天地がひっくり返るほどの大地震に襲われた。震源地は潮岬の南南西50kmの沖合で，東経135度7分，北緯33度0分と推定され，有感範囲は，和歌山県を中心として東北の一部から北海道を除く日本のほとんどに広がった大規模地震だった。マグニチュード8を記録した昭和南海地震である。

地震の恐ろしさは津波にもある。広範囲にわたり，一瞬にしてなめるように，人類が築き上げたすべてをのみ込んでしまう恐怖は，我が国の観測史上最大規模といわれる東日本大震災（2011年）の例からも記憶に新しい。それは人間の無力を感じる自然の，天の脅威だ。

昭和南海地震の被害は，文献により被害実数に違いがあるが，全国の被害は，死者1,330人，家屋の全壊9,070戸（『和歌山縣災害史』），和歌山県の被害は，死者269人，家屋全壊969戸，家屋流失325戸（和歌山県資料）とされ，和歌山県の過去の地震の中でも最大級の被害であった。津波の第一波は地震発生のわずか数分後に県南部の海岸を襲い，津波により多くの溺死者が出た。新宮市では市街地の3分の1が火災で焼失するなど，地震にともなう津波や火災の被害が悲惨さをより増した。

この地震の予兆として，井戸水の異常の証言が残っている。たとえば地震の前日に印南町では井戸水が減った，由良村（現在の由良町）でも干上がった井戸があったなど。あるインタビューでお会いした女性は，すさみ町の実家で16歳の時にこの地震を経験した。「地震直後，井戸の底からゴーッという地鳴りが聞こえ，祖父が，津波が来る，と叫んだ。それで無我夢中で山へと走り逃げた。それは怖

ろしかった」と語り，彼女はその日から70年間，夜寝る時に「寝間着は着ていない」ということであった。津波を避けるには着の身着のままで即座に逃げるしかないからである。

　昭和南海地震において和歌山県の沿岸部では，3m～4mの波高が計測され，印南町では5mを超えた。印南町は，紀伊半島の中央部に流れる印南川の河口に広がった町で，太平洋に面した海岸線から1km北に湾入したところに印南港がある。さらに印南港から北に500mのところに印南小学校が立地している。この津波で印南小学校区の児童5人が命を落とした。

　過去の紀伊水道沖から四国南方沖を震源とする大地震で発生した津波の高さをみても，印南町では毎回5m規模の津波に襲われている。印南湾では，なぜ，高い津波が起こるのだろうか。

　この疑問に対して，印南中学校では平成17年（2005年）から3年生の有志が印南湾における津波の挙動研究を始め，先輩から後輩へと研究は受け継がれ，100名以上の生徒が研究に取り組んだ。理科室に印南湾の模型を作り，水を注ぎながら波動を起こすという「素朴な」実験装置から始め，試行錯誤をしながらコ

印南小学校（現役）

ンピュータシミュレーションや水槽を使った模擬津波の実験など専門的な研究に進み，6年間かけて「印南湾における津波の挙動」を解析。研究は中央の学生科学賞を受賞するなど成果をあげた。

　生徒を指導した阪本尚生先生の報告書「印南湾における津波の挙動—印南中学校の津波研究と防災啓発活動」（歴史地震，2016）によると「印南湾で津波が高くなるのは，印南湾に原因があるのではなく，紀伊水道の半閉鎖水面と緩やかな海底傾斜による浅水変形が原因だ」と結論づけている。さらに「波が高くなるのは印南湾ではなく，みなべ以北から御坊にかけての沿岸部である」と分析している。

　こうして印南湾で津波が高い原因を探求し，さらに，研究結果を基に防災リーフレットを作成するなど校区の町民と成果を共有している。たとえば，地形図とシミュレーション画像を組み合わせた時系列浸水図を作成し津波侵入経路を明らかにし，津波の第一波は各地区のどこの建物のどの辺りまで来る，などというように，わかりやすく示した防災啓発資料として発表している。また，過去に印南

過去の南海地震における津波の高さ（推定m）

	1707年 宝永地震	1854年 安政南海地震	1946年 昭和南海地震
海南	4.5〜5	4〜5	4
湯浅	5	4.2	3.6〜3.8
広川	5〜6	5	4.3
由良	5〜6	5〜5.5	4
比井	5	4	3
御坊	3.5	3.5	3
印南	5.8〜6.3	5.5〜6	4.3〜5.5
南部	6	5.6	4.5
田辺	3.5	3〜3.5	3
新庄	6〜7	6	4.5〜5
富田	4.5	4	4
周参見	5.5	5	4.2〜5.1
江住	5	5	4
和深	5	5	4
田並	5	4.5	4
串本	5〜6	4.5	4.2
古座	5	4.5〜5	4
勝浦	6〜7	2	2

出所：『和歌山県内の津波碑』，海洋研究開発機構，和歌山県，5頁
http://iss.ndl.go.jp/books/R100000002-I027693363-00

を襲った宝永の津波（1707年）や安政の津波（1854年）の災害記録を専門家の指導の下で解読し，地域に知らせる活動，さらに研究を基にして得られた津波到達シミュレーションから地域の避難経路を調べ，それがお年寄りなど災害弱者にとっても適正かと地区を歩き回っての実地調査など，地震が頻発する海岸線に生きる地元の中学生ならではの視点で研究は地域に役立つような発展をしている。津波という「運命」を科学的に調査研究することで，防災方法を解明しようとした。

近年は「地域貢献」がよく言われるが，一過性の短期的な活動ではなく，それが先輩から後輩へと受け継がれ，科学的な根拠に裏づけられた研究成果として地域に役立つものになったこと，さらに具体的な応用を校区に示す活動にまで展開していること，そして，継続した時間をかけて指導し続けた先生のもと，根気よく実験を繰り返し研究に打ち込むことで生徒たちの能力が開花したこと，これこそが，学校が果たす地域貢献の本来的な姿だろう。町のことをよく知っている「地元」の生徒たちによる地道な研究に裏づけられた防災啓発は，津波の町に生きる人々にとって貴重な説得性のあるものである。

（4）台風

和歌山県には台風の際の風害も多い。地形の問題か，住宅の構造上の問題か，風害による建造物の倒壊も多かった。

台風が和歌山県の西側を通過して南よりの風が吹く場合には，紀伊水道の地形の影響で特に風が強くなり，一方，台風が東側を通過した場合には，熊野灘沿岸で特に風雨が強く県南部を中心に大雨に対する注意が必要とされている。昭和期の大災害をもたらした代表的な台風には，昭和9年（1934年）の室戸台風，昭和25年（1950年）のジェーン台風，昭和34年（1959年）の伊勢湾台風，昭和36年（1961年）の第二室戸台風などが上げられる。

和歌山県の山村には，山の斜面に形成された集落が多いが，こうした場所では「風」の脅威が重大で，一般的な台風であっても「トタン屋根が飛んでしまった」などの話を聞くことがよくあった。昭和の中頃まで，木材でできている日本家屋では，台風が来るとなればどこの家でも窓に板を打ち付けた，といった光景があり，今ではなつかしい一コマでもある。

住居や街路のまわりを吹き荒れる暴風は，台風を表すもっともわかりやすい現

象といえ，人々は視覚的にも警戒心を抱きやすい。紀伊半島に甚大な被害を与えた平成23年（2011年）の台風12号では，大規模な水害と土石流で多くの命が奪われた。数日間も大雨が降り続く異様な状態であったにも関わらず，「これほどの災害になるとは思わなかった。その理由は「風」がなかったから」とある被災者は話してくれた。風がないために油断したのである。

　台風の強風は，建造物を吹き飛ばし，倒壊させ，高潮を発生させ甚大な被害をもたらしてきた。かつてほとんどがそうであった木造の校舎の上にも容赦なく吹き荒れた。

①校庭からSOS，高野山孤立

　第二室戸台風は，昭和36年（1961年）9月16日午前9時に室戸岬に接近し，紀伊水道を和歌山県の海岸線沿いに北上し，午後になって阪神地方へ上陸した。和歌山県は16日未明から暴風圏内に入り，ちょうど台風の右半径内に和歌山県が包まれるような格好で，長時間暴風雨にさらされ，瞬間風速56.7m/秒を記録

昭和36年（1961年）の第二室戸台風の際，高野山では，下界への道は倒木で塞がれ，電話線も切れ，孤立状態となった。写真は，現役の高野山小学校

した。学校や工場，一般家屋，巨木などが轟音たてて倒壊し，特に風と，高潮や激浪による被害が大きかった。

　第二室戸台風が通り過ぎた17日午後，朝日新聞社のヘリコプターが上空から高野山高校の校庭にブリキ板を並べた「SOS」を見つけた。高野山では，下界への道は倒木で塞がれ，電話線も切れ，孤立状態となっていた。校長は，台風の最中，常喜院（宿坊）の2階が持ち上げられ飛び散り，屋根が森を越えて飛んでいくのを目撃したとのことであった。高校は屋根が至る所もぎ取られた半壊状態で，小，中学校も破損し，そのまま吹き飛ばされた民家もあった。「こんなひどい風は今までに経験したことがない」との高野山大学教授の談話を伝えている。（朝日新聞9月18日付『和歌山縣災害史』）

　高野山は，標高約800mの山上に開山された宗教都市である。風に飛び散った常喜院は，11年前のジェーン台風でも屋根を飛ばされたので屋根をボルトで留めていたが，今回は2階の建て屋ごと飛ばされたとのことであった。山上を荒れ狂った暴風のすさまじさである。

②校舎が吹き飛んだ！

　紀伊水道を通過する台風では紀伊半島の海岸線の学校は頻繁に被害にあった。
　有田川河口部の有田市宮崎町辰ヶ浜地区は，紀伊水道に面した有田最大の漁港である。この地区に昭和36年（1961年）の第二室戸台風の暴風が直撃した。辰ヶ浜地区は4km四方の狭い半島部に位置するが，当時1,200戸の戸数があった。この人家のほとんどが，あっという間に堤防を乗り越えた高波に胸までの高さの浸水に襲われた。
　箕島第二小学校(現在の田鶴(たづ)小学校)は，辰ヶ浜漁村の中の小学校である。半鐘が鳴り響き，暴風と高波に逃げまどう人々の悲惨な状況の中，「小学校の西側校舎の500㎡の屋根瓦が空に舞い上がったかと思った瞬間，校舎はがくっと傾き地煙りをあげて大音響とともに潰れた」と新聞記者は書いている。校門前の樹齢百年というひとかかえもある松の木も地上2mのところでぽっきり折れ，浜を見れば，「約200トンの木造船が高潮のために宙に浮いて海に流され，見る間に姿を消した」（9月17日付読売新聞『和歌山縣災害史』）。
　箕島第二小学校は，災害の2年後に新校舎を建築完成し，校名も田鶴小学校と改名した。

田鶴小学校の「急傾斜崩落危険箇所」を示す看板

　漁村の中の学校であるため，校地の標高が5mと低く，今後も津波の被害が心配される。校地の南側と西側の裏山は「急傾斜崩落危険箇所」に指定され，斜面保護工が施されている。
　地区は漁村ならではの人情に厚く「我が町の学校」との意識が強い土地柄で，学校の裏山避難道の整備にも住民が大勢参加するなど，学校と地域が共同して防災教育に力を入れている。

③室戸，ジェーン，ケイト，ルース…相次ぐ来襲に大破

　和歌山市の雑賀崎（さいかざき）小学校の旧校地は，紀伊水道から淡路島を一望できる風光明媚な高台にあった。雑賀崎は雑賀山の西側が和歌浦湾に突き出た岬の先端部の漁村であり，集落は漁港から上方に山の南向き斜面に階段状に形成され，海側から見ると独特の風景を作っている。旅館やホテルが建つ，古くからの名所，観光地でもある。
　紀伊水道に面した高台の雑賀崎小学校は，約4,000㎡の敷地に4棟の校舎があった。和歌山県を襲う歴代の台風に襲撃され，そのたびに大破しながらも復興して

雑賀崎小学校の旧校地

きた歴史をもつ。

　明治44年（1911年）6月19日，九州，四国，近畿の北部を通過した台風により雑賀崎小学校の南校舎が大破。約20度傾き倒壊した。この時，田ノ浦にあった同小学校の田野分教場の校舎も大破した。

　また，この台風では，現在の和歌山市南部の雑賀小学校の南校舎および北校舎，中校舎の全部が倒壊した。北校舎，中校舎は改築をおこなったところであった。

　昭和9年（1934年）9月21日，室戸台風が襲来。室戸岬付近に上陸し，中心示度911.9mbは当時の世界記録を破る巨大台風であった。和歌山，大阪，四国に記録的な被害をもたらしたほか，全国の広い地域に風水害を与えた。この時，雑賀崎小学校は，本校，田野分校（田野分教場から改称）ともに校舎が大破した。昭和2年（1927年）に本校の新校舎が落成していたが，この新館の屋根が吹き飛び使用不可能状態になってしまった。室戸台風において倒壊や全壊した小中学校は，紀北地方の沿岸部を中心に29校の大被害が記録されている。前項の箕島第二小学校の前身，辰ヶ浜尋常小学校も6教室が倒壊している。

　昭和25年（1950年）9月3日，ジェーン台風が来襲。台風は紀伊水道を北上し，

現在の雑賀崎小学校

広範囲にわたり被害を与えたが，特に紀北沿岸部は甚大な被害を受けた。これにより雑賀崎小学校の校舎は再び大破した。

同年7月2日，ケイト台風，10月14日にルース台風が来襲した。季節柄，農村部では稲の倒状被害も深刻だった。相次ぐ台風に海沿いの雑賀崎小学校校舎の被害も甚大であった。

雑賀崎小学校は，昭和32年（1957年），ついに校舎を集落の裏手にあたる北向き斜面の麓に新築移転する。台風の通過点の被害を，岬の突端，丘の上の小学校はまともに受け続けてきたが，風裏の場所に移転した。

昭和36年（1961年）9月3日，第二室戸台風が来襲。丘の上の旧校舎は大破する。

昭和37年（1962年），新校舎の建設は全て終了し，新校舎に全校移転した。自然の脅威を岬の突端の丘の上から見続け，身を以って被害を受け続けてきた旧校舎もその歴史を閉じたのであった。

第3部

戦争と学校

1．和歌山市内の大空襲

　災害とは，ある要因による大変な破壊力によって，人命や社会的財産が失われることである。災害には，地震や台風，噴火，飢饉，疫病など自然現象によるものと，もうひとつ，人為的なものがある。人為的な災害の最たるものが「戦争」である。人為的な，意図的な戦争は，人類が手を染めた最大，最悪の災害だ。

　太平洋戦争（1941年～1945年）は，日本の国土と国民に壊滅的かつ凄惨な被害をもたらした。終戦1か月前の7月9日深夜，無抵抗の和歌山市民の頭上に爆撃の雨が降った。

（1）絨毯（じゅうたん）爆撃が焼き尽くした学校

　昭和20年（1945年）7月9日23時36分，米軍は，和歌山市民の頭上に無差別じゅうたん爆撃を開始した。約250機の米機が5群に分かれて紀伊水道を北上し，淡路上空で旋回した後，和歌山市の上空に到達。紀ノ川河口の湊地区にまず照明弾が投下され，紀ノ川右岸楠見地区粟に最初の火の手があがり，数秒のうちに河岸エリアに火の手が上がると同時に，左岸の市内中心部に入り，和歌山市駅，中之島，旧県庁（現在の汀公園），市役所，番丁，内町西，宇治へと焼夷弾を投じ，次から次へと編隊が波状攻撃を繰り返した。

　焼夷弾は火災を起こして町を焼き尽くす爆弾で，火の雨のように空から無数に落下してくると，木と紙でできた日本家屋は一瞬のうちに燃え上がり，辺りは一面の火の海になってしまう残虐な爆弾だ。爆撃は10日未明まで間断なく続き，この3時間で和歌山市中心部は一面の焼け野原となり，1,208名が死亡した（知事報告）。

　火災が始まって30～40分ほど経った頃ものすごい旋風が四方から吹き上がった。旋風は火炎を巻き上げ，吹き付け，人も家も空中高く吹き飛ばし地面に叩きつけ，お城の松並木が一斉に折れ飛ぶ勢いであったという。最も熾烈だったのは汀丁の旧県庁跡で，ここはお城の公園に近く，4,000坪の広場になっており，避難所として絶好の場所として多くの人々が逃げ込んだ。だが，猛烈な火の旋風が吹き上がり阿鼻叫喚の地獄図さながらの不幸な場所になってしまった。

後に米軍の記録によれば，この夜投下された焼夷弾は約800t。上空高く達する火柱が目撃されたとある。無抵抗な市民に対する残酷な空襲であった。旧県庁跡で亡くなった方は748名。全市の死者の6割強をしめた惨状だった。この場所は戦災犠牲者供養碑をまつった公園となり，市民は今も深い慰霊を続けている。

　米軍が県庁ではなく，当時は公園となっていた旧県庁を標的の中心に置いた理由は不明であるが，戦時中に米軍が保有していた和歌山市の地図では，県庁の位置が旧県庁の位置のままで更新されておらず，このことが影響した可能性がある。また，攻撃を避ける場所を示すためか，この地図にはすべての学校，病院の位置が記載されていた。ただし，いくつかの学校では位置が間違っていた。そのせいか，爆撃や機銃掃射を受けた学校もあった。

　この大空襲を経験した当時の少年は，ちょうど爆撃の的となった旧市街地の中央を流れる和歌川の水の中を逃げ惑いながら，和歌山城の天守閣が焼け落ちるのを見た。お城はまっ赤に空を染めて轟音とともに落ちた。美しいなあ，と思わず見とれたそうである。あまりにも非現実な状況だったのだろう。

　市の中心部は，執拗な反復爆撃を受けてほとんど焼失，全滅し，市域は広範囲に被害を受けた。

　市中心部の城の周辺に集中していた官公署施設も大半が焼失し，また14校の小学校（国民学校）が焼失，1校が半焼した。和歌山盲聾唖学校も焼失した。当時，和歌山市内には29の国民学校があった。その内14校が消失したことには驚かされる。それらの中で和歌山国民学校が高等科であったが，それ以外の13校はすべて幼い児童も通った初等科であった。戦火は市内の広範囲に及び，国鉄東和歌山駅（現JR和歌山駅）のやや東側の宮北国民学校は半焼となった。

　この7月9日の和歌山市への大空襲で焼失した学校は以下である。

【焼失した国民学校】
　　雄（おの）国民学校，湊南（そうなん）国民学校，番丁国民学校，宇治国民学校，内町西国民学校，内町東国民学校，始成（しせい）国民学校，広瀬国民学校，広南国民学校，大新国民学校，新北国民学校，新南国民学校，湊国民学校，和歌山国民学校

【半焼した国民学校】
　　宮北国民学校

和歌山市の児童数は空襲直前の5月には28,000人であったが，翌年4月に在籍していた児童数は20,501人となっており，減少した児童は7,500人もいる。減少した児童の多さにその行方が気にかかる。消失した学校について，大空襲前の昭和20年（1945年）5月の在学児童数と，終戦直後の昭和21年（1946年）4月の在学児童数の比較は以下のように集計されている。数字は各校の合計児童数であり，後者は統合後の新しい学校の在学児童数となる。

　始成＋内町東1,050人→271人（25.8％に減少。以下同），内町西＋宇治＋番丁1,445人→245人（17.0％），湊南＋雄1,679人→469人（27.9％），新北＋大新1,380人→347人（25.1％），新南889人→612人（68.8％），広瀬＋広南1,347人→385人（28.6％），湊594人→402人（67.7％），和歌山1739人→600人（34.5％）。

　減少した人数の中には，空襲で死亡した子や疎開，一家で引っ越ししたり戦災孤児となり親戚などに引き取られた児童もいただろう。空襲を生き延びても，後に死んでしまった児童もいた。凄惨な現場となった市中心部の戦災後の児童の激減が痛ましく胸を打つ。

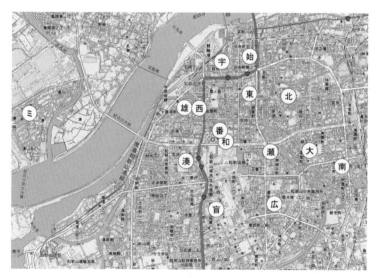

和歌山大空襲で焼失した国民学校の位置（始＝始成，宇＝宇治，雄＝雄，湊＝湊南，西＝内町西，東＝内町東，番＝番丁，和＝和歌山，瀬＝広瀬，広＝広南，北＝新北，大＝大新，南＝新南，ミ＝湊，盲＝盲聾唖学校，地理院Web地図を改変）

第3部　戦争と学校

湊南（そうなん）国民学校跡
（雄湊小学校 跡地）

雄（おの）国民学校跡
（湊紺屋町1丁目付近）

和歌山国民学校跡
（伏虎中学校 跡地　和歌山城側）

番丁国民学校跡
（伏虎中学校 跡地　北側）

内町西国民学校跡
（橋丁付近，南方熊楠の像がある）

宇治国民学校跡
（西釘貫丁2丁目付近）

和歌山市内で空襲に遭った学校のあった場所（その1）

始成（しせい）国民学校跡
（現在の City Wakayama）

内町東国民学校跡
（ブラクリ丁の北端，一部道路にかかる）

大新国民学校跡
（蔵小路付近）

新北国民学校跡
（畑屋敷西ノ丁付近）

広瀬国民学校跡
（信愛高等学校）

広南国民学校跡
（南片原１丁目付近）

和歌山市内で空襲に遭った学校のあった場所（その２）

第3部　戦争と学校

新南国民学校跡
（現在の新南小学校の北側）

湊（みなと）国民学校
（現在の湊小学校の東端）

宮北国民学校
（現在の宮北小学校）

和歌山盲聾唖学校跡
（吹上1丁目付近）

和歌山市内で空襲に遭った学校のあった場所（その3）

　国民学校は，戦時体制に入った昭和16年（1941年）の国民学校令で，それまでの尋常小学校は国民学校初等科に，高等小学校は国民学校高等科と改組された。学制開始後70年間，親しまれ使われてきた「小学校」の呼称は「国民学校」と変わったのである。戦争遂行のための国家主義の背景があった。

　戦災による焼失をきっかけに，再建費用の削減もあり，被災した国民学校の統合／再編が決定した（昭和21年／1946年）。始成，内町東，宇治の一部が本町国民学校，内町西，宇治，番丁が城北小学校，雄，湊南が雄湊国民学校，新北，大新が新町国民学校（後に大新小学校），広瀬，広南が広瀬国民学校となり，校舎がない中であるが，制度上は新しい学校として再出発することになった。

　戦後になった昭和22年（1947年）4月1日，学制改革による六・三制が実施

平成29年（2017年）に廃校となった本町小学校は大空襲で焼失した3つの国民学校（始成，内町東，宇治の一部）が統合して創立。廃校後の跡地は私立大学が開校される予定となっている（2015年撮影）

され，国民学校は廃止。国民学校初等科は新制「小学校」に，国民学校高等科は新制「中学校」に改組されていく。

（2） 6坪のバラック小屋の学校

　驚くのは，空襲直後から子どもたちも先生も元の学校に集まり，授業が再開されていたことである。とはいえ，学校は焼けてしまい姿形もない。

　統合をせず単独再建となった新南国民学校の先生や父兄，地区の住民らは，焼け跡から資材を集め校門近くにわずか6坪のバラック小屋を建て，この小屋を拠点事務所として，学校の片付けをするとともに学校再建に動き出した。授業は，終戦直後の昭和20年（1945年）8月20日より，寺院や民家，工場や隣接する校区の宮前国民学校の一部を借用し仮校舎として分散授業を開始していた。翌年には，教職員や父兄，地区民らは戦災復興校舎建設委員会を立ち上げ，さらに起工式を挙行し活動を本格化していった。これにより寄付金を集めることができ，市

第 3 部　戦争と学校

現在の新南小学校には戦後に造られた木造校舎の一部が残る

の補助金と合わせて，昭和 22 年（1947 年）2 月には，6 教室と臨時職員室を含むスレート葺き 2 棟の復旧校舎が竣工するという早わざであった。完成した校舎で二部授業を開始することができたのである。

　住民と学校が一致協力し，学校を再建した活動を戦災復興の好例として，同年 6 月 9 日，昭和天皇が，戦災学校復興状況，教育状況巡視ため新南小学校を行幸された。学校付近の市民や父兄は晴れ着姿でバンザイとともにお迎えし，児童たちも授業や遊戯姿を披露したという。児童も先生も緊張の中にもたいへん晴れやかな気持ちであったことだろう。亡くなった児童や家族への苦しい思いを乗り越え，よく苦労して再建できた，よく生き残ったという感慨もあったことだろう。学校は町の復興のシンボルだった。

　この時の様子を記した新聞記事によると，児童らが歌った唱歌の一節の，「戦争なんかはなくすんだ」のくだりで陛下は深く肯いたという。この瞬間を迎えるまでに戦中戦後を通じどれほどの苦しい日々があったことか。先生も父兄も重すぎる葛藤を乗り越えて迎えた「この日」であったにちがいない。

（3）焼けた塀を黒板代わりに授業を続けた青空学校

　始成小学校は，明治6年（1873年）1月6日に開校した和歌山県初の「学制」による小学校だった。明治政府が求めた小学校を開設するには，資金，場所，教師という基本的な問題を地区自らで解決せねばならなかった。

　始成小学校の場合，地区内に学校設立資金を寄付してくれた名士が複数おり，藩の換金所である茶屋封所を学校場所として利用できたこと，藩学・県学出身の優秀な教員を迎えることができたことが学校設立の好都合となった。もともと地区は文教地区の雰囲気のある環境であり，閉鎖した家塾の生徒99名をすぐに集め開始することができた。

　このように由緒ある伝統を持った始成国民学校も，空襲により跡形もなく焼失した。校区には焼け残った区域があったため，終戦直後の昭和20年（1945年）9月頃には，借用した民家3軒と始成国民学校の焼け跡の4か所を教室として授業を開始した。職員室は春泉堂（旧紀州藩嘉家作御成屋敷）を借りたが，ここは

戦火を焼け残った法林寺の大イチョウは今も現存している。株元のコンクリート塀も焼け残った。緑の存在が延焼を食い止めたことから「街の緑」の大切さがわかる

始成国民学校の東にある法林寺の北側にあり、寺の大イチョウが延焼を防いだために焼け残ることができた。こうして「学校」として再出発することができた。

また、校舎が跡形もなく焼失した宇治国民学校では8月中に南海電気鉄道のガード下に設けた仮校舎で授業を再開した、それは被災後に学校が休みとなり（和歌山市は空襲翌日の7月10日から1週間、市内全校を休校にしている）、その間の授業の遅れを取り戻すためであったのだろう、とも書かれている（『和歌山県教育史』）。市内には被災を免れた学校もあったが、しかし、あのように悲惨な災害のあとでも、パニックや混乱に陥ることなく、授業再開を淡々として進める学校教育制度のある意味、「完成度」を思わずにはいられない。

始成国民学校での復興「教室」は、青空教室から始まった。集まったのは6年生15名ほどだった。黒板は焼けただれたコンクリート塀、チョークは焼けた校舎の炭だった。児童らは、拾ってきた焼けたレンガや石を積み重ね椅子にしたそうである。このような授業が約3か月続き、冬になってくると野外教室はつらくなり、12月になって隣接校区で火災を免れた中之島国民学校の4教室に間借り

始成小学校の復興は、焼け残ったコンクリート塀を黒板代わりに使ったことから始まった。このコンクリート塀は、戦争の悲惨さを後生に語る目的で保存されており、写真左の方には説明プレートが掲げられている

できることになり，ようやく全校児童が一緒になれた。

　しかし，焼け出された地区の子どもには，満足に文具も着替えもなく，「汚い」「学校に来るな」などと差別され，いじめられることがあったという。何とも情けない話だ。元々同じ市内の隣の小学校であり，同じ戦火の苦しみに遭った者どうしではあるが，たまたまのわずかな境遇の差でも人を見下してしまう。戦争が日頃は優しい人の心さえも破壊してしまう，そんなことを示す典型例といえるだろう。

　子どもの辛い間借り生活を目の当たりにした本町小学校校区の父兄や教師にとって，学校再建は悲願となっていった。昭和21年（1946年）4月に始成国民学校と内町東国民学校が統合し，宇治国民学校校区の一部を組み込み本町国民学校が開校したが，まだ，自分たちの校舎はなかった。

　「なんとしても自分たちの学校を再建しよう」と，本町国民学校の予定地では，まずはペンペン草や石ころだらけの焼け跡で運動場の整地にかかった。とはいえ，道具も，今のように重機もなく，素手での作業だった。先生，子ども，父兄総出で，空腹に耐え，手足から血を流しながら石を拾い廃物を埋め，校地整備に奮闘。やっと500坪の運動場が整地できた時には，「これが私たちの運動場です」と校長先生は思わず涙し，父兄も児童も感極まり涙した，と当時の先生は回想している。

　本町一帯は一面の焼け野原で学校の新校舎建築は市内で最も遅れていた。雄湊国民学校と同時に建築にかかったが，住民の回顧によると，行政は建材の配給を役人の子どもが多く通う雄湊を優先させ，本町には建材が届かず，さらに遅れるという事態となった。本町小学校の父兄たちは銀行に交渉し金を借り，金策にも走り回り，おそらく闇の高価な建材を買ってまでして，苦労の末に新校舎を完成させることができたようである。戦災前，本町校区は市内一の繁華街であったが，そこを本拠地とする商人たちの誇りと意地が学校再建の大きな力になった。

　そして昭和23年（1948年）2月3日，和歌山市住吉町に敷地面積3,000坪の新校舎が竣工，児童たちは待望の移転をし，授業を開始した。戦後，校舎がないまま「学校」を継続してきた。制度上では前年に本町小学校は発足しているが，この新校舎ができ，授業を開始した2月3日を本町小学校は創立記念日としている。皆が集い授業を受ける「校舎」こそが学校の魂であることを表している。

　開校式前日，教職員は夜なべをして，窓ガラスをはめたが，その時に1,000枚以上のガラスにエナメル塗料で「本」の文字を1枚1枚すり込んでいった。当時，ガラス泥棒が横行してための対策だった。戦災復興時に学校の物資が盗難される

第 3 部　戦争と学校

始成小学校は，昭和17年（1942年）に元寺町に校舎を新築し，本町5丁目から移転したが，昭和20年（1945年）に大空襲で焼失。たった3年間の新築校舎であった。かつての姿は，焼け残った壁に掲げた銅板プレートに記録されている

ことについては，後述の「校舎を泥棒された田野分校」にも詳しい。

　本町小学校は，和歌山市随一の繁華街である本町商店街に近接し，和歌山市の戦後の賑わいとともに歩んだ。近年はドーナツ化現象とともに，90年代に入ってから児童数の減少が始まり，平成29年（2017年）4月，本町，城北，雄湊小学校の3校と伏虎中学校を統合し，小中一貫校である伏虎義務教育学校となり，本町小学校は廃止された。

　戦災の厳しさから立ち上がって創立した学校は，少子化が著しい現在，新しい学校スタイルで再度「創立」をした。

　なお，伏虎中学校校地を利用して開校した伏虎義務教育学校の敷地には，戦災で焼失した番丁国民学校が建っていた。番丁国民学校は鉄筋コンクリート造りで外観や柱や腰壁に装飾が施された重厚な校舎だった。

（4）先生だけの学校

　和歌山市には通称ブラクリ丁という，明治時代から続く一大商店街がある。間口の狭い商店に沢山の商品を「ぶらくって（ぶらさげての方言）」商いをした，あるいは町をブラブラするから，というのが語源とされ，本町商店街，ブラクリ丁，中ブラクリ丁，北ブラクリ丁など隣接した6商店街が集合して大商店街を形成している。近年は，最盛期には5館以上あった映画館や，量販店，百貨店が次々と閉店し寂しくなっているが，1980年代くらいまでは泉南地方からも買い物客が訪れるほどの大変賑わいのある商店街であった。「シャッター街」となってしまったとはいえ，現在，毎月定期的に物販イベントが開催され，有機農産物やエコ商品が手にとって買えるなど，町の再生に向け人々が集まり新しい取り組みが始まるなど，ブラクリ丁は市民にとってこだわりの場所であり続けている。このブラクリ丁の一角に内町東小学校があった。

和歌山一の繁華街であったブラクリ丁は時代が流れ近年は「シャッター街」となってしまった。平成27年（2015年）2月8日より，物販イベントが毎月第2日曜に開催され，大人気となっている。有機農産物やエコ商品が手にとって買える。その効果もあり，徐々にではあるが，一部では街に活気が戻りつつある

内町東小学校は，空襲により学校も校区も壊滅状態となった。もちろんブラクリ丁も跡形もなく，道がどこかも分からないほどの一面の焼け野原になってしまった。
　空襲から1か月後の8月，中ブラクリ丁の，3階建ての2階までが焼け残った食堂の2階を借用し，ここを教室として学校を再開することにした。集まった児童は37名であった。あたりの住居は焼失しほとんどの児童の消息は不明であった。37人は壕や焼け跡に建てたバラック建ての住まいからやって来ていた。ところが，ちょうどその日，内町東地区が進駐軍の物資置き場として利用されることになり，地区住民には即刻立ち退きが命じられた。住民は再び疎開先に戻ったり，引っ越しを余儀なくされたために，翌日，集まった子どもは6名にまで減少してしまった。
　立ち退きを迫られて行き場のなくなった6名の児童は中之島小学校に引き取ってもらうことになった。中之島小学校は近辺では唯一焼け残った小学校であったが，ここには高等女学校など他の学校の生徒も間借りしており，余裕があったわけではなかった。始成小学校も間借りをするための交渉成立までには日にちがかかっている。内町東小学校の6名の引き取り先についても，焼け跡を走り回り，引き取りを交渉した先生の姿が目に見えるようである。
　児童の行き先が決まった後，職員室だけは，高松小学校の校門側の1室を借用し事務機能を継続した。再開した内町東小学校はたった1日で「閉校」となったのである。
　児童も校舎もない先生だけの学校が，始成，内町東が合併し本町小学校として開校される昭和21年3月末まで続いた。こうして，空襲被災後，食堂の2階で開いた「たった1日の」授業だけで，内町東小学校は，授業を再開することなく廃校となった。そして，本町小学校に参加することで新しい小学校として再出発した。
　当時の学校では，天皇と皇后の写真を御真影として校地内の奉安殿に保管していた。非常に大切で慎重な取り扱いが求められ，焼失などあってはいけないことだった。和歌山空襲時の回顧録には，当時の先生のお話として「御真影」を掲げて紀ノ川の堤防周辺を逃げ惑ったことや，戦火が収まり，学校に戻り御真影を安置したことにまず，安堵したと語られ，それは今から思うとナンセンスなことだった，と回顧されていることが印象的である。戦争とは人の心にそれまでの信念を

たった1日限りで「閉校」に追い込まれた復興教室は、現在のブラクリ丁交番の北隣にあった

一挙に覆すほどの大きなインパクトを与えるものであったのだろう。終戦後、文部省は御真影の回収を行った。国家により統制されていた国民学校は、その重い制約を脱ぎ捨て、戦争の大きな犠牲の上に、個別の自由な気風を「持ってもよい」小学校へと変わることになった。

（5）校舎を泥棒された田野分校

　和歌山市の田ノ浦には、昭和21年（1946年）に廃校になった雑賀崎小学校田野分校があった。1～2年生が通う低学年分校で、3年生以上の児童は本校に通っていた。海沿いの高台に立地していることもあり、昭和20年（1945年）、大阪を守る目的の「護阪部隊」と名乗る旧日本軍の第144師団の1中隊150名が学校に滞留することになった。教室が不足したため、二部授業となった。
　同じ年、突然の空襲があり、校舎も機銃掃射を受ける。早朝であったため人的被害なかった。「護阪部隊」は、現在の和歌山市立明和中学校の位置にあった文教高等女学校に本部を置き、和歌浦周辺の山間部でアメリカの襲来に備えた作業

にあたっていた。砲台の設置準備の他，弾薬を保管する目的とみられる坑道の掘削などを担当していたという。アメリカ軍が上陸した際に，爆弾を抱えた人間が戦車に向かって走って自爆特攻する，その兵士が隠れるための壕がいくつも掘られた。田野分校が攻撃された理由は，おそらく「軍事施設」になっていたからであろう。

終戦となった昭和21年（1946年），宿直のなかった田野分校では，夜間にガラスが大量に盗まれる盗難事件が発生した。当時は，物資が不足していて，容易には補充ができなかったため施錠すらできず，たたみかけるように備品，黒板までもが盗難に遭う。ついに屋根瓦まで盗難されたため，2教室を本校（旧校地）に移築，改築し，田野分校は閉鎖した。1～2年生の児童まで遠い本校に通学することになったため，地区住民の奉仕によって，田野（分校）～雑賀崎（本校）間の通学路が整備された。

それにしても，戦争とは情けないものである。教育の現場を荒らすだけでなく，戦争が終わった後ですら，子どもたちの居場所を奪う盗難事件まで引き起こす。戦争とは，なんとも荒んだ社会を作り出してしまうものだ。

戦後に「校舎」が泥棒され，廃校に追い込まれた田野分校

2．戦争時の学校生活

　太平洋戦争は，資源量で圧倒的に不利な日本が，資源大国に挑んだ無謀な戦いだった。都市部では悲惨な戦災で多くの児童生徒の生命が失われたが，農山村の子どもは食糧や軍需のための資源の採取に明け暮れた。市中の学校の校庭はほとんどが芋畑になった。学校もまた，「銃後（戦争の後方）」としてこの時代を戦っていた。そこには，けなげにも働き手として，従順に戦時中の生活を支えた子どもたちの姿がある。

（1）銃後の学校　さまざまな資源の採取，食の増産，勤労奉仕

　「銃後」というのは，銃を持って戦地にはいかないが，戦争を後方で支えるという意味で，一般住民や女性に対して使われた。戦時中の学校もまた「銃後」の役割を大きく担っていた。国民学校令の中で，子どもたちは，なににせよ「勝つまでは」と制約され，「必勝の信念」と「堅忍持久」の精神がたたき込まれていた。
　昭和19年（1944年）2月25日，決戦非常措置要綱が閣議決定された。これは，決戦の現段階に即応し，国民は戦士の覚悟に徹し，国を挙げて精進刻苦しその総力を直接戦力の増強の一点に集中し，当面緊要施策の急速徹底を図る，としたもので，学校もそれに従い軍事態勢の中に組み込まれた。学校に関しては，学生生徒の勤労，非常任務への出動や校舎の軍需工場化，軍用，非常倉庫用，非常病院用，避難所などへの用途転用することが決められた。また，空き地利用の徹底として，校庭，公園，すべての空き地で食糧作物をつくることが明記されている。
　運動場がサツマイモ畑になった，というエピソードは戦争体験の中でよく聞くが，国の指示の中でのことであった。サツマイモは，救荒作物としてどのような土地でも育ち，素人でも育てやすく，量が大きくお腹を満たし，長期保存がきくなどの特性があるため食糧増産の重要作目として奨励された。したがって，運動場も学校周辺の空き地もサツマイモ畑に開墾された。当然，家庭でもサツマイモは代用食の代表だった。代用食とは主食の米の代わりにするもので，その他にはカボチャ，ドングリ，カシ，シイなどの木の実もあり，それらは学校生活の中で子どもたちにより採取されていた。

戦時下での学校生活を校史などから見ると，さまざまな作業と搬出量の記録が書かれている。割り当てもあった。学校生活の中での作業を挙げると，食糧増産，軍需資源の採取や生産，勤労奉仕の3つに分けられる。学校は食糧や資源の生産と搬出の「基地」といえた。

　食糧増産では，サツマイモ（畑の整地から植え付け，収穫），麦（麦播き，麦刈り），米（田植え，稲刈り，臼引き），梅干し漬け，落ち穂拾い，ドングリ，カシなどの木の実の採取など。軍需資源の採取としては，苧麻（ラミー）の原料となるカラムシ（マオ，繊維材料），桑の皮（繊維材料），蚕（繊維材料），杉皮（建築資材），カミソ（コウゾ，紙の原料），ミツマタ（紙の原料），竹の皮（繊維材料），干草（ウマの餌用），シュロ実（採油用），アブラギリの実（採油用），ヒマ（トウゴマ）の種（採油用），松ヤニ（採油用），松根（燃料）などの採取があった。勤労奉仕には，木炭の製造や搬出，木材の搬出作業，道路整備，神社掃除，害虫駆除，防空壕づくり，出征兵士の留守宅の農作業（田植え，茶摘み，稲刈り，麦刈りなど），わら草履づくりとさまざまな労働に従事し，さらには出征兵士の見送りや遺骨の出迎え，武運長久のお宮参りなどもあった。まさに銃後の働きである。

　戦時中の子どもの姿として，薪や炭俵を背負った写真を見ることがあるが，当時小学校4年生の女の子の「山の上の炭焼き小屋から炭を運ぶのが苦しくて泣き出した」との証言がある。炭俵1俵は15kgである。10歳の子どもがこれを背負い山道を下るのは過酷だ。このような日々が毎日続き，たとえば山村の小学校では，1か月で2千俵近く搬出しており，これは1日1人2俵以上の搬出量となるというから，いかに子どもが重要な労働力であり，つらい作業であったのかがわかる。戦争が激しくなるにつれ，児童の役割がますます大きくなり，授業どころではなくなっていった。

　ヒマや松ヤニは飛行機の油になるんだ，と先生に教わったとの当時の児童の回想がある。そのような指導をしながらの採取作業であったのだろうか。

　戦時中の大政翼賛会の広報用チラシはこう訴えている。「ヒマを栽培しよう。太平洋に，大陸に，あのめざましい戦果をあげている荒鷲もヒマ油がなければ飛べません。血の一滴！「ヒマシ油」。それは我らの手でも作れます。空き地にできるだけ多くのヒマを播いて下さい。勝ち抜くために！」。荒鷲とは戦闘機を例えた言葉である。

　松ヤニの採取は松の幹に切り込みを入れてヤニを集める作業で，小学生でも作

業は可能であった。一方，松の木の根を掘り起こして取る松根油は，大がかりであるため松の木を搬出する村に製造工場が必要であった。

松根油（テレビン油）は，航空機ガソリンとしての利用が試みられ，戦争も末期になると緊急増産をするために原産地の村に松の木の根を処理するための装置が置かれた工場を設置し製造された。「松を掘って，B-29を落とそう！」という標語まであったという。

当時の美山村（現日高川町）の熊野川，弥谷口に松根油製造工場設置の計画があり，整地作業や建設土方に川原河（かわはらごう）国民小学校の高等科の生徒が勤労奉仕に出かけている（昭和20年/1945年，1月と2月）。また同年6月には串本地区の寒川（そうがわ）第二小学校の生徒も工場設置のための土木仕事に勤労奉仕に行っているが，終戦間際になって串本にも急ぎ増設することになったのかもしれない。しかし，松根油は，製造に非常に労力が掛かり，燃料としての質も悪く，結局は実用化には至らなかった。

また，廃品回収や羊毛回収も児童の仕事だった。金属の回収では文鎮，家の鍋

戦時中に松根油のためにマツの根を掘った跡地は，戦後30年経っても荒れ地のままであった（地理院地図より，1974年の航空写真，香川県まんのう町）

釜や校庭の金次郎（金治郎）の銅像までもが回収された。金次郎像については本項179頁も参照されたい。

太平洋戦争では，圧倒的な地下資源に恵まれた大国に対して，野山の自然資源を総動員して戦おうとした無謀な戦いの構図が見えてくる。自然から採取するささやかな油で本気で戦おうとするほどの戦争の狂気の中で，その大人の狂気を支えたのが子どもたちの，無心に忍従する，ひたすら無垢な労働力だった。

児童たちの日々の労働とその成果（搬出量など）が淡々と綴られた戦時中の校史の中に，1年に一度くらい「菓子配給」という短い記載がある。子どもたちの無邪気に喜ぶ顔が見えるようで救われる思いがする。

（2）うさぎ狩り

「小国民，みんなで飼おう軍用兎」。男の子と女の子が小さな兎（うさぎ）を抱いているかわいらしい絵が描かれた戦時中のポスターがある。ポスターは何種類かあり，小学校や家庭で軍に供出するためのウサギの飼育が奨励され，かなりキャンペーンされていた様子がわかる。小国民とは戦時中の子どものことで，天皇の国家の子ども，という意味合いを持っている。端的に言えば「お国のための国民」ということである。

昭和14年の農林省が農家の副業についてまとめた冊子に「軍用兎」の項があり，そこには，ウサギの飼育は農山村の副業としては最も好適である。なぜなら，ウサギの飼育は簡単で，老人，幼児，婦女子が片手間でできる，飼料は農場の残り物などで自給でき，資本がほとんどかからず，生産物の需要は安定しており，優良な毛皮が生産できるため，と書かれている。肉は蛋白源として優れているし毛は防寒になり，国内用，軍需用に送られるともあり，以下細かく養育法などについて書かれている。実際は，この頃には国際的な経済統制を受け，羊毛が手に入りにくくなり，代わりの毛を国内生産する必要があった。

ウサギの毛は柔らかくあたたかく，子どもたちが育てたウサギは「兵隊さん」の帽子やコートに使われ，缶詰肉としても戦地に送られた。

中学校では大がかりに集団でのウサギ狩りも行われようである。現在の橋本市高野口町の伊都中学校（現伊都高校の前身）では昭和14年（1939年）1月に寒稽古納会として，全校生徒438名によるウサギ狩りを実施している。その目的に

野ウサギは都会の人には「かわいい」動物だが，田舎の人にとっては農地を荒らす害獣でもある。戦時中は軍需物資として，毛も肉も利用された

は，非常時における銃後青少年の心身の鍛練の意義が深い寒稽古の納会として，1日厳寒の山野に出かけ，一致団結してウサギ狩りを行い，意気を高揚し，兎毛皮の献納を行い国策に参与するとし，学文路（かむろ＝橋本市）の兎狩場で実施している。各自の携行品は，弁当，水筒，杖用棒1本，軍手など。菓子や果物の携行は厳禁となっている。

　捕獲編成は，校長先生をトップに，「指揮官」の先生のもと2班に分かれ捕獲するという「部隊編成」で，各班にはラッパ担当の生徒も配されていた。

　捕獲の方法は，大体1人4m間隔の一列横隊に並び，3，4，5年生が大声を上げながらウサギを追い，網に近い1，2年生が捕獲する巻狩りで，突撃ラッパで巻狩りを開始し，獲物を捕獲したときには万歳を高唱するとした。この日の収穫は何頭であったのかは記録されていないが，捕獲体制は軍隊そのものである。

　ウサギという食糧，資源を捕獲するという目的と同等に，いやそれ以上に，軍国精神を育成する教育として大いに重要な授業であったようだ。まさしく，国民学校がめざした鍛練や団体訓練により必勝の精神を叩き込む教育の一環であり，それは自由で自主的な学びとは対極にあるものだった。

（3）三角のセーラー

　最近の女子中高生の制服は，ジャケット型が多くなっているが，やはり主流はセーラー服である。セーラー服は19世紀頃から世界中で海軍の制服として着用されていた，水兵や船乗りを意味する英語の「Sailor」服である。男性の制服であるため，スカートではなく，ズボンであった。日本で昭和30年代から40年代にテレビアニメとして放送された「ポパイ」はアメリカの水兵さんで，セーラー服を着ていた。そういえば，ディズニーキャラクターのドナルド・ダックも水兵でセーラー服姿である。このように，もともとは男性の制服であったが，日本では大正の末頃に女子生徒の制服として採用する学校がでてきたといわれている。

　セーター服は襟が背中側に大きく四角く垂れたもので，背の襟（セーラー）に線が縫い付けられ，線の色や本数によってそれぞれの学校の特色を出していた。戦時中に女子生徒だった方のお話では，戦争も激しくなり段々物資が窮乏してくる中で，本来四角いはずのセーラー部分が，三角形になったということである。布地の削減だ。そんなことであれば襟などなくてよいのではないか，と思うが，やはり規律の中では必要なものだったのかもしれない。

　物資の窮乏はすさまじく，山村のある小学校では，その9割までがわら草履を履いていたということである。待ちに待ってようやく運動靴の配給が学校にあっても限られた数であり，チケット制で配布したため，もらえる子と次回になった子がいたということか。そこに悲喜劇さながらの光景が見られた。その運動靴もすぐに破れた，という証言もあった。わら草履も山道では1日で破れ，毎夜作って明日用に準備するのは日課であったし，小学校の廊下に一列に座って並び，皆でわら草履を編む，という作業時間もあった。先の彼女もまた，セーラー服とわら草履が通学スタイルだった。

（4）ケシとり休み

　有田地方の小学校には「ケシとり休み」があったことは先に述べたが，大正初期から戦後しばらくまで，和歌山県は医療用ケシの一大産地だった。

　和歌山県にケシの花が初めて栽培されたのは，大正4年（1915年）日高郡藤田村（現在の御坊市藤田地区）であった。有田郡南広村（現在の広川町の一部）

で翌年始められるが、土質がよかったのか南広村での生産は増大し、昭和4年（1929年）頃には県内での栽培が1千町歩（約1,000ha）に達し和歌山県の主要産物の一角を占めた。このうち7割が南広村を中心とした有田郡で産出していた。米の裏作として作られたが、表の米よりも一反（10a）あたりの収入がはるかによく、作る農家が急激に増加したので、国により割当制となったという経緯がある。国が生産制限を加えたのは、ケシが国策による軍需物質としてのモルヒネ、アヘンの原料であったからである。

ケシの花も5月〜6月に開花し、15日〜20日ほどして花が散った後にケシ坊主ができた頃が農作業の最盛期となる。ケシとり作業とは、花が散った後の青いケシの実から乳液を採取する作業で、この乳液が沈痛、催眠作用のあるモルヒネ、アヘンの原料となる。ケシの乳液採取は、農家の副業として貴重な生産物でありながら、力仕事ではないため主に女性や子どもの仕事となった。

乳液の採取方法は、ケシ坊主に1回に3条の切り傷を入れ、吹き出した乳液を竹へらで採取する。傷が深すぎると一度に乳液が出てしまい再度採取できなくなるため、切り加減に熟練の技が必要だったという。そして、翌早朝、日の出前に再び畑に出かけ、残汁を再び採取する。こうして採取した液は竹の皮に薄く塗りつけ乾燥し納めた。

繁忙期に集中する仕事であったので、子どもの労働力はどうしても必要だったし、子どももまたそれに応え、当然、繊細な仕事にも熟練していった。このように、有田地方の農家にとって5月末〜6月の頭は、ケシ以外の特産である除虫菊の花とりや養蚕作業と重なり繁忙期になり、そのため「ケシとり休み」もあった。繁忙休暇については、4部「風土と時代のまなびや」196頁も参照されたい。

ケシは痛みの緩和医療に欠かせないモルヒネの原料であり、有田や日高地方の土壌は石灰分が多く、この地で栽培されたケシはモルヒネの含有量が全国一多いといわれ、一大産地として成長したのである。昭和7年（1932年）には主産地の大阪府と和歌山県で全国生産額の98％を占め、和歌山県は全体の65％の生産額を占めていた。また、満州事変（1931－1933）、日中戦争（1937－1945）、太平洋戦争（1941－1945）と立て続く戦時体制下において、戦場の負傷兵の治療のために軍への需要が急増していた。

ケシもまた戦時下を代表する産業であり、農家の労働力と手作業に負うところが多かったが、全て政府の買い上げであり、安定した農家の現金収入として貴重

ケシ採取（大正年間，和歌山大学紀州経済史文化史研究所所蔵）

な仕事だった。戦争も末期になると，戦線が拡大し，負傷兵も多くなった。モルヒネはほとんどすべて軍需用に回しても極度に不足し，戦場では麻酔なしに手術することも行われたという。地獄絵図さながらの光景であっただろう。

　その当時，旧国鉄紀勢線で有田から由良方面に至る窓の外には，5月，6月頃，ケシや除虫菊の白い花の波が一面に見えて美しい光景が広がっていたという。その花の下では子どもたちが重要な労働力として働いていた。戦時下の国を支え，そして生活のために当然のことであった。

　余談だが，国策として大規模にケシ栽培を推進した裏にはもうひとつの意図があったともいわれている。昭和4年（1929年）頃に県内生産が1千町歩に達したが，その翌々年の昭和6年（1931年）に満州事変が始まっている。日本の本格的な中国侵略ともいわれる時代の節目であった。ケシから作った大量のアヘンを中国に持込み中毒患者を量産しようという話である。何でもありの戦争とはいえ，全く驚かされる話である。

　ケシ栽培は戦後 GHQ に禁止され，和歌山県からは姿を消したが，医療用として必要であるため現在は政府管轄の囲場のみで生産されている。

独立行政法人 医薬基盤研究所 薬用植物資源研究センター 和歌山試験場跡（旧川辺町，2013年撮影）

　ちなみに和歌山県は医療用薬草研究の歴史をもった土地である。世界初の全身麻酔手術を成功させた華岡清州は旧那賀郡の外科医で，彼が開発した麻酔薬の原料「まんだらげ（チョウセンアサガオ）」は和歌山県立医大の校章にもなっている。
　また日高郡の旧川辺町には官営の薬用植物試験場が，昭和14年（1939年）から平成24年（2012年）まで開設されていた。試験場の建物は「分教場」を活用したとの情報がある。この建物は，現在も残されている。しかし，町誌や文献，町への聞き取りでも確証は得られていない。住民の記憶の中に「分教場だったと聞いたことがある」や「隣接する中学校の職員室であったような記憶がある」という程度であった。閉鎖後に筆者らが現地を訪れた際，どこか校舎の面影が残る建物に「独立行政法人 医薬基盤研究所 薬用植物資源研究センター」の看板が残されていた。
　戦争という荒波の中で繁栄した一大地場産業の中で，地域も子どももひたすらに働いた。その労力の記憶を残して，現在の有田地方にはみかんの美しい白い花が咲くばかりだ。

（5）青い目の人形

「青い目をしたお人形はアメリカ生まれのセールロイド」（野口雨情，大正10年発表）という童謡が有名だが，昭和初期，アメリカから日米の友好の証として12,750体の人形が日本に贈られた。

当時，アメリカにおいて日本人移民の排斥運動が起こり，日米間の摩擦が高まったのを憂慮し，昭2年（1927年），日本で布教経験のある宣教師，シドニー・ギューリックが国際児童親善会という組織を作り，「日本の雛祭りに人形を送ろう」との呼びかけで全米から集められた人形で，日本実業界の大物であった渋沢栄一の協力により，日本中の小学校や幼稚園に送られることになったのである。

人形たちは，一体ごとに顔つきや衣装，デザインが異なり，それぞれに名前がつけられ，パスポートや太平洋航路の乗船券，着替えの洋服や手回り品を持って，横浜や神戸に到着した。人形たちは，雨情の歌にちなみ，青い目の人形と呼ばれたが，セルロイド製ではなく，多くがビスクドール（素焼き）であった。メリーさんやローズマリー嬢と名づけられた人形たちは全国の小学校などに配布。和歌

青い目の人形「エミーさん」（那智勝浦町宇久井小学校所蔵）

山県には 177 体が配られ，児童たちははるばる海を越えてやって来た異国の珍しい人形に感激。歓迎会を開き，贈り主に礼状を出すなど学校をあげての大歓迎ぶりであった。

そのひとつが昭和 2 年（1927 年）4 月，有田川中流域の現在の有田川町，旧清水町域にあった粟生（あお）村の粟生尋常高等小学校にやって来た。名前をベティ・デイトリッチといい，ピッツバーグから贈られたもので，その時の様子について町誌はこう記述している。

「4 月 26 日，岩倉神社にて歓迎会を開催し，出席者は学務委員岩井某はじめ，村長代理，そのほか有志並びに父兄多数であった。会は青年団楽隊部の華やかな演奏に続いて，一．開会の辞　二．ベティさんの挨拶（注：児童が演じたもよう）三．歓迎の辞（児童代表）　四．訓話（校長）　五．講話（村長代理）　六．歓迎の歌　七．閉会の辞の次第に従って進められた。その後万歳三唱，記念写真を撮影して和やかなうちに終了した」（一部省略）。

果たして村長代理は，紋付き袴だったのだろうか。ベティさんは椅子に腰掛けていたのだろうか。当時の大まじめな村人の様子に想像力がふくらむ。

同じく旧清水町内では他に 3 体が届き，五郷（いさと）尋常高等小学校へも同じ日に到着し歓迎会が実施されている。二川（ふたがわ）尋常高等小学校にも到着し，ここでは，村人が楽隊と共に歓迎歌を歌いながら途中まで出迎え，多くの村人が人形と対面し遠路の疲れを慰めた，とある。また，八幡（やはた）尋常高等小学校へは，同年 4 月 20 日に到着。サスアンという名の人形は各学級を回って児童と対面し，翌月に歓迎会が行われ，返礼のための記念撮影をしたという。

日本側からは，答礼人形として，青い目の人形を送られた学校の児童から一人 1 銭ずつを集め，各都道府県などの名前をつけた 58 体を作成した。和歌山からの人形は「ミス和歌山」と名付けられ，制作者は後に人間国宝となった二代平田郷陽（ごうよう）とのことで，大変価値のあるもので，当時の価格で 443 円と，師範学校での新任教員の 1 年分の給料に近い制作費であった。高さはおよそ 75cm，ちりめんの二枚重ねの振り袖に菊や牡丹，桜などを刺繍した豪華なもので，帯や帯揚げも贅を尽くし，たんす長持ちや鏡台，針箱などの調度品を携え，あたかも嫁入り仕度のようであった。彼女たちもまたパスポートを携え，11 月 10 日，横浜港を出発。ハワイに寄港しながら同月 25 日にサンフランシスコに到着。大歓迎を受け，全米各地を巡回した後，各州の子ども博物館などに届けられた。

日本全国に配られた青い目の人形たちも，どこでも大盛会の歓迎式で迎えられたが，太平洋戦争が始まると「敵国の人形」として悲惨な虐待を受けた。「各クラスの代表が木刀で撲ってから焼いた」など，戦時教育のためで児童に罪はないにしてもあまりにもひどい扱いであった。

その後人形たちは，紀伊半島を襲った大水害で流出したり，戦火の犠牲になったり，処分されたりとそのほとんどが消失してしまった。全国で残っているのは二百数十体といわれている。和歌山県では，宇久井小学校に残る「エミー」という名の一体だけで，戦後丸裸で倉庫の中で偶然発見されたものを職員さんが手づくりのドレスを着せて現在，校長室で大切に保管されている。

一方，日本からの答礼人形は44体が現存しているが，全米を巡回するうちにネームプレートなどが混在してしまったようだ。現在，ミス和歌山とされているものは，出発時と着物の柄が違うなど特定することは難しく，別州の博物館に保存されているものでは，と推定されてはいるものの曖昧である。

青い目の人形は，紀伊半島の町や山間の村に降ってわいた国際問題。横になると目を閉じ，起き上がると「マミー」と声を出したという人形にあたふたと，大まじめに，時に滑稽に対応した人々の社会行動が浮かび上がってくる。さらに戦争の犠牲となった青い目の人形や，彼女たちを歓迎したり，虐待したりと戦争という時代に翻弄された学校や子どもたちの姿をも見ることができる。

（6）二宮金次郎の出征と受難

戦時中の金属供出では，たいてい小学校の校庭や正門辺りには建っていた二宮金次郎像も供出されていった。この場合，「供出」ではなく，金次郎も「出征」するとして，タスキをかけられた金次郎を前に，彼のために出征壮行式を執り行って，先生や児童らに見送られ学校から出て行った。

幼名金次郎（金治郎）である二宮尊徳は，江戸時代後期の農民思想家である。現在の神奈川県小田原市の富裕な農家に生まれたが，酒匂（さかわ）川の度重なる水害で田畑は流失し家産は傾いてしまう。苦学し農業に励みながら金次郎は実家を再興し，さらに藩内で貧窮した名家や地域の再建に手腕を発揮していった。彼の勤労，倹約，努力目標，相互扶助などを基本とした農業経営や農村復興の方法論は多くの弟子から後世に伝えられていき，明治維新後に組織されていくこと

になる産業組合（現在の農業協同組合や生協，信用金庫などにつながる）の思想的な背景になっている。

　薪を背負い，本を読みながら歩く金次郎の姿は，尊徳の弟子が書いた伝記の中の挿絵に明治時代に最初に現れ，その後弟子らによって何体か作られている。小学校の校庭に初めて作られたのは大正13年（1924年），愛知県豊橋市の前芝尋常高等小学校で，本を手に持っているが背負っているのは薪ではなく魚を入れる袋「びく」。前芝小学校が漁村の学校だったため，地区の仕事にふさわしい姿にしようという意図があったと思われる。

　金次郎像が全国の小学校に建てられたのは，修身を基本とした，国家に献身する国民をつくろうという政治利用があったといわれるが，実際に普及に力を尽くしたのは，石屋業界だった。

　昭和初期の大恐慌の頃，自力更生の政策を背景に，「修身教科書の手本である金次郎を全国の小学校に売り出せば商売になる」とのアイデアを思いつき，石屋の仲間が集まり，金次郎の資料を研究したといわれている。服装や顔つきなどイメージを統一して製作し，熱心に全国の校長先生などに営業活動を展開した。その結果，金次郎の石像は全国に大ヒットし，郷里の子どもたちの育成に役立てて欲しいと母校への寄贈も相次いだ。漁夫の利を得たのが銅製品業者で，石づくりよりも高価でも見栄えがよい銅像に注文が殺到したそうである。しかし，銅像の方は，戦時中に供出され姿を消す運命となってしまった。

　戦後，GHQによる教育改革で修身の教科はなくなったが，金次郎像はなくならなかった。助け合いながらも自力で道を切り開いていく姿に時代を超えた普遍性があったからかもしれない。

　有田川町中流域の鳥屋城地区では，昭和23年（1948年）8月26日から27日の有田川水害で地区は大被害を受けるが（有田川水害については本誌「災害履歴のある学校」を参照されたい），翌月の9月に「二宮金次郎石像」が寄贈されている。それ以前，鳥屋城小学校に金次郎像が設置されたのは，昭和15年（1940年）4月。地区の有志の方の寄贈だった。戦争が激しくなった昭和18年（1943年）3月，金次郎の「出征壮行式」が行われ，銅像は拠出されていた。戦争で不在だった金次郎は大水害の学校復興のシンボルとしてふたたび寄贈され，再設置されたと思われる。まだ金属が少なかったのか，この時の金次郎は石像だった。

　和歌山市への空襲で，跡形もなく焼失した雄国民学校の裏門付近に立っていた

第3部　戦争と学校

水天宮に置かれた二宮金次郎像（石像）。和歌山大空襲で焼失した雄（おの）小学校に置かれていたもので，復興するまでの間，水天宮に一時避難させたものの，雄小学校は雄湊小学校への合併で校舎が復興されなかったため，水天宮に置かれたままとなったともいう。戦災した影響か，腕から先が失われている

金次郎像は今も残るという。元の学校から北方の水天宮の境内に立つのがそれだといわれている。薪を背負っており，涼やかな賢そうな目をしたおなじみの金次郎であるが，本を持っているはずの着物のたもとのところから先が無い。和歌山市にも焼け跡から金次郎像を移設した記録がなく，近隣住民もこれが雄小学校の金次郎かどうかの確証はないそうだが，いずれにせよ戦争の痕跡を伝えている。

　水天宮は，子どもの守り神として信仰されており，痛ましい戦火の後で，ようやく「生き残った」金次郎を亡くなった子どもへの鎮魂を込めて，住民の誰か，あるいは父兄の誰かが拾い上げて祀ったのかもしれない。水天宮に建つ金次郎は石像である。そのためか出征は免れたが，多くの「同窓生」とともに戦火の犠牲となった。だが，「彼」は生き残った。

　金次郎像の材質としては，金属，石材の他，陶器という場合もある。陶器製は，海南市下津町から由良町にかけての海岸線に多い。内陸でも散見され，例えば本書でも多く登場する九度山町の久保小学校の金次郎像も陶器製である。寄附者の

陶器製の二宮金次郎象（九度山町の廃校になった久保小学校）。全体の傾向として，陶器製の金次郎は「ふくよか」なものが多い印象がある。製造上での制限か，設置後の強度を保つためなのかは分からないが，表情はとてもやさしい

人数や，懐具合によって材質が変わるようで，陶器製は金属や石材の像よりも安価であるため，像の再設置や更新の際に採用される事例が増えているという。今では，インターネットで気楽に注文，購入することもできる。試しに，現在の値段を調べてみたら，標準的なサイズの金次郎像で，ブロンズ製は数百万円，石製で70〜100万円程度，陶器製は20〜50万円までで購入できるようだ。

　ところが，近年は，金次郎が歩きながら書を読みふけっている「勤勉な」姿が「歩きスマホ」を助長させるという理由から，金次郎像を撤去する学校や，薪を傍らにおろし座って本を読む金次郎像も登場している。まるで一休みする金次郎だ。こうなれば金次郎像設置の意味自体が問われてくる。金次郎もさぞ複雑な心境だろう。

　戦火をくぐり抜けて今も残る金次郎像は「争いで幸せが得られるはずはない」と教えてくれるかのように，やさしい目で今日も子どもたちを見守っている。

第4部

風土と時代の中のまなびや

1．自立的な気概をもつ地域と学校

（1）1か月の休校も辞せず

　明治5年（1872年）8月に学制が公布され，小学校の義務教育が始まった。明治の初め，和歌山県でもただちに次のような布達がなされた。「各自奮テ私財ヲ出シ，以テ大ニ学舎ヲ起コスベシ」（明治5年11月）。すなわち，学校の設立に関してはお上に頼らず，地域自ら奮って資金を出し，学校を起こさねばならない，ということであった。

　布達によると，人口600人を1小学区として10小学区に小学1か所と小学外舎3か所を設けるとされた。小学外舎は幼年の子どもが対象だったが，翌年に廃止され，山間僻地の地域に設置する教則などを簡便にした村落小学に変更された。明治6年（1873年）の和歌山県内の小学校は，尋常小学36，村落小学166の合計202で，布達の際の基準の6割弱の開設率であった上，村落小学が圧倒的に多かった。

　明治の初期，和歌山県は1,630余もの町村や浦から成り立っており，学校開設の義務にこれらの町村浦（浦は内陸の村に対応する海岸線の行政単位の呼称。明治22年の市制町村制施行まで残っており，同様な単位には，浜，磯もあった）で構成された各区は用地の確保，建設費，運営費や先生の採用や給与の捻出に非常に苦労した。新築校舎を準備できたものは少なく，ほとんどがお寺や神社，民家を借用し，教師も住職や医師，学問の心得のある者などを充て取り急ぎ開設した。当時の公文書における学校の場所や名称などには不確かな情報も多く，実態が整わないのに設立の体裁だけを整えたものも多かったようだ。

　こうして混乱の中を小学校教育は発足したが，自力で苦労して開設し，運営しているだけあって，学校は地域の誇りを示す公共財としての存在感を確保していった。また，当時の村や浦は，その多くが現在の大字として残っているが，寺，神社，共同墓地，祭や講など互助組織をもったひとまとまりの単位であり，農林業など生産と生活を助け合って営む，いわば生存のために必要不可欠な運命共同体でもあった。したがって，学校も村や浦の共同体を形成する一要素として加えられた大切な財産だった。

第4部　風土と時代の中のまなびや

　明治22年（1889年）に大規模な町村合併があり，江戸時代以来の小さな村，浦は統合し，行政村として整備されていく。元々の村や浦は，新しくできた市町村とは区別し，むら，ムラ，区，部落，集落などと呼ばれている。翌23年（1890年）の小学校令で「新しい自治体は1校の尋常小学校を設置する」と規定され，併合される地域の学校からの反対闘争などが頻発する事態となった。合併の場合であっても，合併校の場所をどこに決めるかでたいそう紛糾した。学校は区民が貧しい中にも資金を捻出し建て，各家はなけなしの月謝（米など現物の場合もあった）を払い，運動場の整備には区民総出で作業をした。そのような我がむらの学校が隣のむらの学校に吸収合併されることや，地元の学校の建物がなくなることは，通学路が遠路になるという実際的な問題もあったが，なによりも地域のアイデンティティを否定されたことにほかならないからであった。また，合併後に分校を残す場合，本校と分校の格付けが行われるが，分校とされる集落では格下に扱われたことへの不満が爆発した。

　有田郡八幡村は，明治22年（1889年）に有田川上流域およびその支流である湯川川，遠井谷川，宮川谷川流域の山間部に位置する，清水，三田，久野原，下湯川，上湯川，宮川，大蔵，楠本，沼，遠井，西原の11か村が合併し，役場を

有田川町の久野原小学校。現役の少人数学校である

清水に置いてできた新村である。時が経ち、昭和に入り八幡村では学校統合が大きな問題となっていた。

　昭和初期の日本は長引く不況から昭和恐慌に陥った深刻な状況であった。学校統合の目的には、教育の質の向上に加え、経費節減の側面もあった。

　大正末期から昭和にかけて八幡村には久野原、清水、三田、下湯川、楠本の5小学校と各校の4分教場があったが、昭和3年（1928年）に八幡東部尋常高等小学校・久野原本校（現在の久野原小学校）および上湯川、室川の2分教場、八幡中部尋常高等小学校・清水本校（現在の清水小学校）および宮川、三田、下湯川の3分教場、八幡西部尋常高等小学校・楠本本校（現在は休校中の楠本小学校）および遠井、沼の2分教場に統合された。中心校には、わざわざ「本校」をつけていた。

　八幡西部尋常高等小学校は同年5月3日に開校するが、沼小学校は分教場に格下げされることに区民を上げて猛反対。区民集会を開き、反対の意思を貫くため

平成8年（1996年）、事実上の廃校となった有田川町の楠本小学校沼分校。一時期、企業の研修所として開放していたことがある。沼地区は山上集落であるが、大規模な地すべり土砂堆積した範囲のほぼ全域が棚田となっている。「ぶどう山椒」の産地として有名な遠井（とい）地区と隣接しているため山椒の栽培が盛んである

第4部　風土と時代の中のまなびや

平成26年（2014年）に休校となった楠本小学校は，昭和の初め頃，分校になることに抵抗するなどで独立心を示し，後に独立校となった

に5月8日から6月10日まで約1か月間「同盟休校」に入ったのである。村税納付拒否や村会議員や区長の辞職問題にまで発展する事態となり，紛糾を重ねた後にようやく解決をした。

　昭和6年（1931年）3月31日の第2次合併では，村内を八幡尋常高等小学校1校に統一するとし，清水校を本校として，室川校，久野原校，宮川校，三田校，上湯川校，下湯川校，遠井校，沼校，楠本校の9校を分教場として再出発した。この統合では，村議会で反対意見が強く，紛糾したが，2月26日に採決によりようやく統合が決定した。この決定に際し，本校のなくなる楠本区民の憤りは強く，校長が来校した時には釣り鐘を打ち鳴らし区民みなが集合し抗議しよう，という申し合わせまでできていたそうである。実際に鐘を鳴らして校長を威嚇したかどうかは記録にないが，それほどに他の地区に学校の主導権が移ることに区民の不満や悲嘆があった。

(2)「弁当紛争」―漁師町の15年

　現在の海南市,旧下津町のかつての浜中村には学校の草創期,ふたつの小学校があった。漁村の学校,浜西小学校と,農村に位置する浜東小学校である。両学校は,明治の初めの学校制度発足まもなくより開校した歴史をもっていた。両校とも校舎は明治30年前後の建築で,それはまるで作業場のようで「紙貼り障子,鉄棒格子をはめた明かり窓は今時珍しく,三間梁の建築は採光通風を欠き」(『下津町誌』) といった学舎としては環境劣悪で,児童数も増加している時代にあって改善が必要であった。そのため,浜西,浜東両校を統合して設備の完備した学校建設計画が大正2年 (1913年) 村議会で決議された。

　ここからが小学校統合に対する長い紛糾の始まりだった。それは昭和2年(1927年) 5月に新校舎が産声をあげるまで,実に大正年間を通じて,地域間の抗争に明け暮れた15年間におよぶ学校統合問題だった。その紛糾と学校融和の歴史を概観する。

　村議会は,当初予算に建築予算として5,923円25銭を計上した。しかしすでに統合反対の兆しがあり,村税滞納の形になって現れ次年度に繰り下げを余儀なくされた。翌年,建築予算に関する歳入見積としての村税付加税は当時の戸数680戸の1戸あたり平均3円7厘弱となった。村民はこれを加重とし,大部分が滞納となったため学校建築はさらに延期となった。

　校地としては大字上藤ノ木の水田を購入していた。ここに「浜中村小学校建設用地」と書いた木標を建てたが,それは長く風雨にさらされたままとなった。

　統合案に反対した浜西校のあった大字下津の漁民たちは「三百余名の漁夫,舟を艤 (ぎ) して郡衙 (ぐんが) に迫る」と,大勢の漁民が船出の準備をして役所に迫ろうとしている,との壮絶な反対闘争の様子がレポートされている (『紀伊毎日新聞』大正3年3月1日付)。反対理由は,学校が遠くなれば,家に昼食を食べに帰ることができず「弁当携帯」が必要となり,また放課後に子どもたちに仕事を手伝わせる時間も少なくなり,中途退学や不就学児が多くなってしまう,というものであった。当時の農山漁村にとって,毎日弁当を持たすことの負担に加え,子どもも寸暇を惜しんで家の仕事を手伝う重要な働き手であったためである。しかし,おそらく本音では,別の複雑な住民感情があり,このために「弁当」までもが理由にされたのかもしれない。

議会では毎年のように浜中校小学校合併に関する予算書を諮り，反対者の税収未納などで計画を延期してきたが，ついに大正5年度末の大正6年2月村議会（1917年）において，小学校合併を年次繰り延べで決済するに至り「未徴収者ニ対シ強制納付ヲ余儀ナクセシメタリ」と説明している。

大正の末になっても両地区の膠着状態は続いていた。この間，村長は5人目を迎えようとしていた。歴代村長は，学校統合に熱意を傾けたが皆，無念のうちに退陣した。それほどに両地区の対立は深かった。

浜東小学校は，明治28年（1895年）に高等科を併置し，浜東尋常高等小学校となっていた。このことが浜西地区の平等感をそこない，微妙な感情のもつれにつながっていたのかもしれない。一方，浜西では，地区の経費で教員を雇い無認可のまま私学校として高等科の授業を独自に開始していた。どこまでも自主独立の学校を運営していくという強い意志の現れである。また，浜東への対抗意識もあったことだろう。議会もこれを見過ごすことができず，大正12年（1923年）になって浜西に高等科の併置を認めた。大正末ともなると，全国的に就学率も充足し，小学校では教育の充実が求められてきていた。従来の両校の校舎は老朽化

浜西尋常小学校のあった辺り。恵比寿神社の近くに校舎があった。港では，学校統合に反対した漁民300余名が船団を組み反対闘争を繰り広げた

も酷く極限状態だった。また浜西地区は下津港の開発と繁栄により，風俗営業がにぎやかとなり，教育環境としていささか不適切になってきていた。合併問題の解決を急がねばならなかった。

　大正15年（1926年）1月～2月の村議会で，学校統合の決議とその事業経費が諮られた。村役場の周囲には村民の傍聴者があふれ，傍聴団はにぎりめしの焚き出しを荷車に満載して駆けつけ，暴力沙汰で逮捕者も出るほどだった。採決は原案を可決した。この時の切り札は，事業予算62,000円に対して1万円の匿名寄付者があったことが発表されたから，といわれている。事業予算の10数％以上であるから個人寄付としてはかなりの高額である。このことも可決を推進する気運のひとつとなったようだ。

　しかし，校地問題が残っていた。両地区とも地区を分ける小原川を境として譲らず，両地区の中央を探るために村では計測用巻き尺を購入し，妨害を避けるために夜間に，その頃普及し始めた懐中電灯の灯りの下で折り合いのつく校地を捜したという。そして，校地は，現在地である大字上の小森に決定した。

　校地決定後も妨害活動は続き，父兄の中には混乱を避けて隣村に越境通学をさせる者までいたが，さまざまな軋轢と不満，混乱を乗り越えて，昭和2年（1927年）5月10日，新校舎の落成式がとり行われた。実に統合案提議から15年の歳月が経っていた。

　学校とは地区の中に位置し，地区民の目の届く範囲で子どもたちが毎日通い成長する場所であった。細かく必要な校費は地区の協議によりまかない，また地区の会合も行う集会所の機能をも持っていた。学校が地区外に移動することは，住民にとっては，区民をつなぐ生活の要を失うことでもあった。さらに浜中村の場合は，海を相手に生業とする独立心あふれた漁民気質と，田畑という安定した家産をもつ農村気質の違いがあり，これが合併問題紛糾の根本にあったのではないか，といわれている。

　「雨降って地固まる」ということであろうか，その後，両地区は新学校のために協力し，新校舎建築時より後になるが，海草郡（現在の海南市と和歌山市の大部分）で初めての近代的な講堂を完成させる。反目のエネルギーは，自立心と地区への熱い情熱ともいえ，それが今度は村の新しい学校のためを思う，大きな団結のエネルギーへと好転したといえる。

第 4 部　風土と時代の中のまなびや

浜西（西），浜東（東）が合併してできた下津小学校（下）と，当初の合併予定地（予）の位置関係。浜西，浜東とも新校地の選定に小原川を境に譲らなかったが，ほぼ中間で決着した。校地選定には両区の意地もあり極めて難航した（地図は現在のもの，地理院 Web 地図を改変）

現在の下津小学校

2．むかしの子どもは忙しかった

（1）30kgも背負い学校の門をくぐった・・・生業が心身を育てた

　昭和30年代（〜1964年）頃まで，農山村の子どもは家の手伝いをする重要な労働力だった。この頃までは日本のほとんどが農山漁村。山では林業，炭焼き，里では田畑で米や果樹，野菜を作り，川や海では漁撈，さらには薬草や海苔などの加工と地域の自然資源を使ってさまざまな生業を生みだし生活を営んでいた。そして，その労働はほぼ全てが「肉体労働」。足で歩き，手で採取し，腰を曲げて植え，牛を引いて耕し，背中で荷を背負った。

　今のように山野を駆け巡る軽トラックもなく，農業機械もない。人の「手」こそが生産機械であり生産力であった。従って分別ができるようになると子どもも重要な労働力だった。

　和歌山県内で，昭和30年代までに小学生だった人に話を聞くと，さまざま

途上国では，かつての日本と同じように今でも子どもたちも欠かせない働き手となっている（2017年，マダガスカルの首都アンタナナリボで撮影）

手伝いの様子を話してくれる。以下は筆者らが和歌山県内で得た証言であるが，たいていの地区では4年生ともなるとほぼ一人前として家の仕事の一翼を担っていた。

「朝，通学前に牛を川原の餌場まで追って行き，学校から帰ると夕方，牛を集め家に連れ帰った」

「桑の葉摘み，桑の葉を刻んでの餌やり，カイコ棚の掃除とカイコの世話と忙しかった。家の一番よい良い部屋はおカイコさんの部屋だった」

「ウサギの餌の草取りが自分の仕事だった。よい草は牛にやるので採りまちがうと母親に叱られた」

「小学校高学年の時から山で父親が焼いた炭を里まで運ぶのを手伝った。休みの日は自分も炭焼き小屋に泊まって仕事をした。炭を2俵担いで里まで山道を何往復もした」

「学校に行くのに毎日炭を担いで行き，集積場に炭を下ろすと校門をくぐった」

「わら草履を履いて山道を越えて遠方の学校に通っていた。戦時中で，靴もあったが粗悪品ですぐに破れた。草履は1日で履けなくなり明日のわら草履を作るのが夜の日課だった」

牛は農耕のために必要であり，集落には草刈り場があった。製炭と養蚕は和歌山県の特産物であった。炭1俵は15kgであり，子どもの背に30kgを背負うのはかなりの重労働だ。夫とともに山に入り炭焼き生活をしていたある女性は，炭2俵の上にさらに目の放せない幼い子どもを乗せて里まで炭を運んだという。1960年代の頃だ。「それは辛いしんどい日々だった」。そう語ってくれたが，そうして働く親の姿とともに育った子どもは当然のように仕事を「分担」した。和歌山県内ではどこでも同じような生活が繰り広げられていたことだろう。ずいぶん昔のような話であるが，数十年前までの日本の農山村の光景だ。この方たちは今も高齢者ながら現役の地区の働き手である。

製炭は，現在は家庭のエネルギー源というよりも，焼鳥屋やうなぎ屋さんで「最高の炭」として使用される備長炭の需要が大きく，高級炭という差別化されたマーケティングで今も継続されている。和歌山県木であるウバメガシを原料とした紀州備長炭は，土佐備長炭とともに全国で圧倒的なツートップとして長くシェアを占める伝統産業だ。今でこそ，マーケットがニッチなだけに高収入が可能な産業となっているが，かつては，家庭労働力に依存した手工業であり，炭焼きさんは

炭焼き釜の跡。石を積み上げた堅牢な造りである。和歌山県の山中では1970年代頃まで盛んに炭焼きが行われていた（古座川源流付近で撮影）

原木を求めて山から山に移動する民であった。明治末頃に学校制度が定着するまでは学齢期の子どもも一緒に移動した。だから，当時の炭焼きさんの子どもたちは実際としてほとんど定住しておらず，学校にも行けなかった。

　また女児のほとんどは子守りだった。生業に忙しい両親に代わり幼い弟妹の子守りは幼い姉の仕事であるし，子守り奉公にも出て家計を助けた。

　子どもが家庭の重要な労働力であったことは，明治初期からの学制普及を困難にさせた。当初，学校制度に反対した親による学校の焼き討ちまで発生している。親にとって働き手の子を日中学校に「とられる」ことは理不尽なことだった。国はこれらの子どもを就学させるために，入学条件を緩和したり，子守りをしながら学べるように，子守りの女児を集めた子守り学校までつくった。これらのことは筆者らによる前作『熊野の廃校』（2015年）に詳しい。

　家族が力を合わせて生業に励んでいた生活形態は，昭和30年代の和歌山県の農山村ではまだ当たり前のことであった。この多忙な「仕事」の合間をぬって，子どもたちは木の実拾い，野鳥捕り，魚獲りや昆虫の幼虫探しなどが遊びになっ

た。遊びは子どもなりに空腹を満たすものでもあり，良く獲れる場所の探索や仕掛けの工夫などに知恵を使った遊びになった。この遊びと仕事の経験は，土地で生き抜くための生活能力を育んだ，といえるだろう。

　農作業は自然相手であるため，収穫期などには「ネコの手も借りたい」ほどの忙しさとなる。そのような繁忙期には学校の授業を休みにして家の手伝いをさせる農繁休暇の慣例があり，麦刈り休み，田植え休み，稲刈り休み，お茶摘み休み，カイコ休みなどがあった。

　旧清水町(現有田川町)城山東小学校沿革には「養蚕(ようさん)上族期(筆者注：上族＝カイコが繭を形成すること)のため6月1日より5日間の休校とする(大正3年)」とある。大正時代から昭和初期にかけては，和歌山県の養蚕業の最盛期であり，全農家の約3割が養蚕を行っていた。生糸は，当時全生産量の8割がアメリカなどへの輸出向けであるわが国を代表する産業であった。農家の労働力と手作業に負うところが多く，農家の現金収入として貴重な仕事だった。価格も良く，農家では「おかいこさん」と「さん」付けで呼んだ。

　養蚕には春蚕(はるご)，夏蚕(初秋蚕)，晩秋蚕，晩々秋蚕などの季節があり，

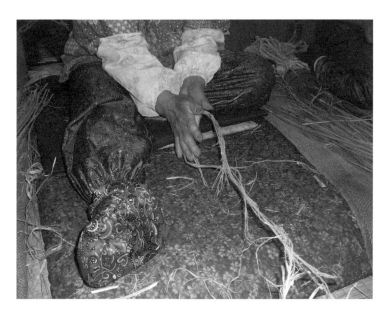

手仕事は，昔はどこの家でも行われていた

農家によって年に2回～4回の蚕の飼育を行った。養蚕は，カイコを育て繭ができるまでの25日ほどが農家の仕事となる。養蚕は主に女性や子どもの仕事で，カイコの成長に合わせてさまざまな仕事があった。特に上蔟期になると，カイコは糸を2～3日間吐き続けるが，きれいな繭として完成させるために仕上げのタイミングが大事な繊細な仕事となる。

飼育の時期が近づくと「ああ，またお蚕さんがやってくるなあ」と業者が持ち込むカイコに，子ども心に身構えたという。それから母親とともに殺気だつほどの多忙な飼育の日々が始まったそうである（戦前から昭和30年代までの思い出の聞き取り）。

和歌山県の小学校就学率は，明治43年（1910年）に98.34％を達成。小学校に通う事が当たり前に定着した。しかし，子どもが家庭の仕事の重要な担い手であることに長く変わりはなかった。

（2）有田発祥の除虫菊の花採り

かつての有力な地場産業でありながら，戦後消えてしまったものがある。有田一円のたいへんよい換金植物だった除虫菊やケシもそのひとつである。

旧吉備町（現有田川町）田殿小学校の沿革には，「昭和11年6月2，3日ケシとり休み。ケシ，除虫菊，養蚕などで校区内の農家繁忙につき，休業として家事手伝いをさせる」との記述がある。また，前項で紹介した旧城山東小学校の例のように「養蚕上蔟期のため6月1日より5日間の休校」などもあった。ケシ栽培ということにも驚くが，ケシとり休みについては，第3部「戦争と学校」173頁を参照されたい。

除虫菊は蚊取り線香の原料となり，和歌山県の有田郡（当時）が発祥の地。当地のみかん農家に生まれた上山英一郎氏が明治19年（1886年）にアメリカのH．E．アモア氏から除虫菊の種子を贈られ，世界初の蚊取り線香を発明したことが始まりで，上山氏は殺虫剤の大手，KINCHOの創業者である。当初は棒状であったが，長持ちするように渦巻き型蚊取り線香を着想し，この形状は現在まで画期的なアイデアとして生き続けている。明治38年（1905年）には貿易会社を設立し海外にも輸出を広げた。

除虫菊は有田郡保田村（現在の有田市保田地区）を中心に盛んに栽培されるよ

除虫菊（シロバナムシヨケギク）は地中海沿岸原産のキク科の多年草で，胚珠の部分にピレスロイド（ピレトリン）を含むため，殺虫剤の原料として栽培されている。日本への渡来は明治19年（1886年）であり，蚊取り線香を考案した有田の上山英一郎は，最初は観賞用として栽培した。後にこの菊に殺虫成分が含まれるのを知り，蚊取り線香の開発に乗り出した。写真は広島県因島市の観賞用の除虫菊園で，因島では除虫菊が市花となっている。

うになった。昭和時代には，日高郡名田村や印南村や有田郡箕島村など日高有田地方一体に広がり，箕島には蚊取り線香の製造工場もできていた。5月～6月，除虫菊の花が辺り一面に真っ白に咲き乱れると，女性や子どもは花を採る作業で大忙しとなった。

　花摘みに忙しい子どもたちに，母もまた忙しく手を動かしながら，ふるさと発祥の特産品の誇りについて語って聞かせていたことだろう。

　戦後の蚊取り線香は，化学的に合成製造され，産業としての除虫菊の栽培はほとんど姿を消した。だが，有田市の創業地には，その伝統を受け継いだKINCHOの工場が稼働している。

3．学校の誇り

（1）村の誇り，修学旗の獲得

　学校制度が発足したものの，明治30年頃まで就学率はなかなか向上しなかった。就学率を上げるために国や県，自治体がとったさまざまな方策については筆者らの前書『熊野の廃校』に詳しいが，学校に行かない理由には，親の教育に対する無理解，貧困，通学の不便，学校施設そのものが充分に機能していないなど複合的な問題があった。就学率が飛躍的に上がるのは，明治33年（1900年）の第三次小学校令で義務教育の無償化が決定した後である。

　就学率を上げる方法として，和歌山県は明治31年（1898年）に「市町村立小学校就学旗授与規定」を制定。就学率の高い小学校を称えるために，就学率と出席率（名簿にあっても登校しない児童がまだ多かった）をランク付けした，特別旗，1～3等旗の旗を授与して競わせたのである。この旗を授与されることは学校と地区のメンツに関わることで，各校区では戸別訪問して通学を促すなど涙ぐましい努力がなされた。その結果，和歌山県の小学校の就学率は明治40年も過ぎてようやく男子100％，女子98％を超えることができ，明治42年（1909年）に制度は廃止された。

　就学旗は就学の段階に応じて，等級別の旗が授与されることになっていた。旗の授与は学校と地区にとって大変名誉なことであったらしく，九度山町の久保小学校が授与された時の回想記を引用する。

　「この大切な旗を迎えるために，男の子は縞の，女の子はえび茶色の袴を新調してもらい，児童たちは河根（かね）から繁野を通って学文路（かむろ）まで歩いて旗を迎えに行った。児童たちと地元代表者が川原で待っていると，向こう岸の橋本から旗を舟に乗せて運んできた。学文路で受領式が行われ学校に帰ると，学校ではもち投げをして大勢の人々が旗の到着を喜び合った」（『九度山町誌』）。

　久保から学文路までの道のりは子どもの足でどのくらいであろう？　推定では，おそらく東郷付近経由で河根に向い，そこから学文路まで繁野を通って旧街道の京大坂道を通ったであろう。地図上での距離は8.1km，標高は久保540 m，河根110 m，峠260 m，学文路75 mであることから，おそらく行きだけでも午

第 4 部　風土と時代の中のまなびや

行路において立ち寄ったであろう人魚のミイラが安置されている「刈萱堂」

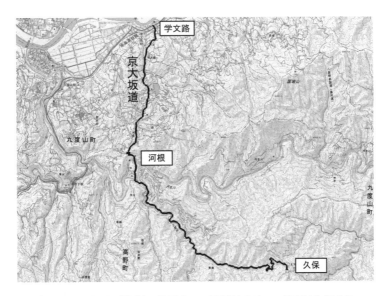

就学旗受領への行路（推定）。地図上での距離は 8.1km，標高は久保 540 m，河根（かね）110 m，峠 260 m，学文路 75 mとキツイ行路であった（地図は現在，地理院 Web 地図を改変）

前いっぱいくらいの時間はかかったのではなかろうか。帰りは，もっとかかったことだろう。早朝から歩きづめで，ようやく着いた紀ノ川の川原に整列し，対岸からやってくる就学旗を載せた舟を見た時は大変晴れがましい気持ちであったことだろう。

九度山町山間の久保，北又，東郷の3小学校は，辺鄙ながら就学率が男子97％，女子95％以上を達成した特別就学旗を授与されたのは，明治36年（1903年）のことであった。就学率向上には，近代国家建設のための大義があったとはいえ，山奥の津々浦々まで，「旗」を媒介にして，学校を核とした郷土意識が醸成されていった。

（2）地すべりの井戸水 —古澤小笠木分校

九度山町の笠木には，昭和36年（1961年）に廃校となった古澤（こさわ）小学校笠木分校があった。昭和41年(1971年)，学校跡地に笠木児童会館が新築され，平成11年（1989年）に全面的に改装された。旧校地の脇には弘法大師の奇跡に

笠木分校跡の敷地内にある澤井の井戸。写真中央の柵内で水を汲める

よって湧き出し，以後は涸れたことがないという「澤井の井戸（清水）」がある。今でも地区の水源として利用されている。

　集落も旧校地も山の中腹にあり，このような位置から清水が湧き出すということは，かつての崩落跡地か，あるいは扇状地の末端の可能性がある。そこで，地形図から現地の地形を読み取ったところ，校地は過去に深層崩壊か地すべりした地形の末端部に位置していた。上部に崩れる元となる土塊がなくなった場所ということにもなり，比較的安全な場所に学校が建てられたといえる。また，校地は地すべりと地すべりの間に置かれており，先人の目の確かさは，ここでも確認された。この状況は，現地において地形を目視しても把握できる。

　弘法大師は，水に困っていた場所で水を湧き出させるという奇跡を起こしたという伝説が各地にある。多くは「お大師様が地面に杖を突くと（挿すと），そこから涸れることのない清水が湧き出した」というものである。中には「お大師様がみすぼらしい旅人の扮装で来られ，水を求めた際，親切に応じた場所でだけ奇跡を起こされた」という話が加えられることもある。高野山の北側にある「杖ヶ

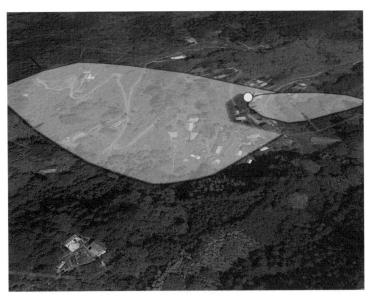

笠木地区の地すべり地形。笠木分校の敷地内にある澤井の井戸（○）は，地すべりの末端に位置しており，学校は地すべりを避けるような位置に置かれていた（Google Earth を改変，地すべりデータは国土地理院より）

藪（つえがやぶ）」などは，まさしく，この逸話が地名にまでなった地区だ。調べて見たら，案の定，杖ヶ藪も地すべり地形であった。法力による奇跡の話を否定する気は毛頭ないが，奇跡だといわれる現象の中には，意外にも災害の後で起こった土地の変化を指していることもあるのかもしれない。

（3）川沿いでも浸水しなかった芸術的な校舎 —上初湯川小

　日高川町の最奥，上初湯川（かみうぶゆがわ）川地区に，昭和62年（1987年）に廃校となった旧美山村立の上初湯川小学校の木造校舎が残されている。現在は，「上初湯川ふれあいの家」として利用されている。廃校当時，村と大阪府狭山市との友好都市関係の中で，研修所(宿泊可)として廃校舎を利用することになった。その際，屋根の瓦の交換，壁の補修などが行われた。大人気の設備で，夏場は予約で埋まる状態が継続している。屋外にはテントサイトをはじめ，自炊場，作業場，ファイヤーサークルなどが設置され，旧校舎内には，オリエンテーションルー

昭和62年（1987年）に廃校なった旧美山村立上初湯川（かみうぶゆがわ）小学校

ム,研究ルーム,調理室,シャワールームなどがある。ボーイスカウトの利用が多いとのことだが,ボーイスカウト以外の利用も少なくなく,大学生の音楽サークルが合宿に来ることもある。

校舎の保存状態は,木造校舎としては極めて良い。廊下や天上に使っている材木も「さすが林業の里の美山だ」と唸ってしまう上質なもので,本校と同様に廃校となった木造校舎を研修所として利用している他の様々な事例と比べても,建築物としての校舎の「品質」レベルははるかに高い。例えば,音楽室の天井は微妙にドーム状に湾曲した構造に加工されており,天井板の幅も広い。お寺のお堂並クオリティで,建築当時の大工の技術の高さがうかがえる。

川沿いに立地しているため洪水リスクがあるが,2部でも記したように,昭和28年(1953年)の7・18水害の際,集落は被災したものの学校は難を逃れ,避難所となった。また,日高川流域に大打撃を与えた平成23年(2011年)の紀伊半島大水害の際でも,校舎横を流れる初湯(うぶゆ)川の増水は著しかったが,グラウンドすら浸水しなかった。校地の選定において,地元技術者の「確かな目」が発揮された結果だとみられる。

上初湯川小学校の音楽室の微妙にドーム状に湾曲した天井

（4）前畑ガンバレ！　水泳大国和歌山を支えた紀ノ川

「前畑ガンバレ！前畑ガンバレ！」というフレーズをご存じの方は多いだろう。1936年にナチス体制下のドイツで開かれたベルリンオリンピックの水泳女子200m平泳ぎに22歳の若さで出場し，日本人女性として五輪史上初めてとなる金メダルを獲得された前畑秀子さんにまつわるお話の中に登場する印象深いフレーズだ。この競技をラジオ中継で実況したNHKの河西三省アナウンサーは，地元ドイツのマルタ・ゲネンゲルさんと秀子さんのデッドヒートを目の当たりにし，興奮のあまり「前畑ガンバレ！前畑ガンバレ！」と20回以上も連呼，絶叫し，ラジオ中継を聴いていた当時の日本人を熱狂させた。実は，秀子さんは18歳の時に1932年のロサンゼルスオリンピック出場し，200m平泳ぎで銀メダルを獲得されていた。金メダルとの差は，わずか0.1秒，このリベンジをベルリンオリンピックで果たされた。秀子さんは，その後も世界記録を樹立するなど，長きにわたり世界の女子水泳を牽引された。

前畑秀子さんは，橋本町（現在の橋本市）古佐田地区のご出身だ。ご両親は，秀子さんが3歳になると紀ノ川の「妻の浦」へ連れて行き，背中に乗せて泳いだという。水泳を覚えた秀子さんは，橋本尋常高等小学校に入学した後は，暇さえあれば「妻の浦」へ行って泳ぐようになる。小学校4年生の時，学校に水泳部ができる。秀子さんは水泳部の選手に選ばれる。当時，プールがある小学校などどこにもない。熱心な先生方は，紀ノ川に杭や縄などを使ってお手製の25mの天然プールを作り，選手たちの練習をアシストされる。

猛特訓を重ねた秀子さんは，すぐに頭角を現し，学童水泳大会において次々と日本新記録の成果を残す。高等科2年となった14歳の時には，日本オリンピック競技全国女子競泳大会に出場し，100m平泳ぎを1分33秒2の日本新記録で優勝する。この記録は，すでにワールドクラスであった。その2年後の1929年にハワイで開催された「汎太平洋女子オリンピック大会」に日本代表として選出され，100m平泳ぎで優勝，200m平泳ぎで2位という成績を残す。

秀子さんの才能に注目した名古屋の椙山（すぎやま）高等女学校（現在の椙山女学園）の椙山正式（まさかず）校長は，学校に建設した日本初の室内プールでの初泳ぎを前畑さんに依頼し，昭和4年（1929年）9月15日に実現する。初泳ぎの後，秀子さんは椙山校長から椙山高等女学校への編入を勧められ，その年の

10月5日に編入する。水泳教育に力を入れていた椙山高等女学校での日々の始まりだ。その後のご活躍は，上記の通りとなる。

秀子さんが幼少の頃に水泳をしたという「妻の浦」は，現在の南海高野線の鉄橋の少し下流だとみられる。荒瀬が流れる河瀬地区と，砂が堆積して水深の浅い西川原地区の間にあり，水泳をするのにちょうど良い流れが緩やかで水深のある長い淵であった。昔ほどの水深はないだろうが，この河瀬〜妻〜西川原の連続した河川地形は今でも残っている。

近年は，どこの川でも地形が単調になった。特に，深い淵が減っている。これには，山地からの土砂流入が増えたことが大きく関わっている。広大な面積の針葉樹の人工林では土砂崩れのリスクが上がり，地球温暖化で増え続ける豪雨とあいまって，川への土砂流入は増え，川の地形の単調化に拍車を掛けている。

橋本には，水泳で偉業をなした選手が他にも2人おみえになる。前畑秀子さんよりも2歳下で，前畑さんと同じように1932年のロサンゼルスオリンピック，1936年のベルリンオリンピックの競泳日本代表として活躍された小島（小嶋）一枝さんも，その一人だ。400m自由形で6位入賞。この順位は，1992年のバルセロナオリンピックの200m自由形において千葉すずさんが6位入賞するまで自由形の日本女子の最高順位だった。前畑さん，小島さんは小学校時代からのチームメートでもあり，お二人の活躍を称えた橋本町は，昭和13年（1938年），紀ノ川の支流，橋本川沿いに前畑・小島記念プールを建設する。川の水を引き込んだ天然プールであった。

前畑・小島記念プールでは，1956年のメルボルンオリンピックの男子200m平泳ぎで金メダルを獲得された古川勝さんも練習したという。古川さんも前畑さんと同じ古佐田地区のご出身だ。古川さんの潜水泳法は「人間ノーチラス号」とも形容される独特のもので，なんと45mも潜水で泳ぐことができた。当時の他の選手は，せいぜい20mだったとのことで，肺活量6,600ccともいわれた古川さんの能力はズバ抜けていた。古川さんの潜水泳法はあまりにも強すぎたため，国際水泳連盟はルールを改正し，スタート直後とゴール前のひと掻き以外では平泳ぎでの潜水を禁止することになる。

紀ノ川は，他にも偉大な水泳選手を育てている。前畑さん，小島さんと同じ2つのオリンピックに女子自由形で出場された守岡初子さんは，紀ノ川沿いの現在のかつらぎ町妙寺のご出身だ。1952年のヘルシンキオリンピックの男子1,500m

前畑秀子が幼少の頃に泳いだという「妻の浦」

　自由形で銀メダルを獲得された橋爪四郎さんは現在の和歌山市吉礼のご出身。津麻津姫神社の近くに生家がある。その後，世界新記録を11回も更新され，日本大学の同級生で「フジヤマのトビウオ」こと古橋広之進さんとの世界最強の水泳コンビの友情物語は戦後の日本国民を元気づけた。まさに英雄であった。橋爪さんがメダルを獲られたヘルシンキオリンピックには，紀ノ川沿いにある高野口町（現在の橋本市高野口）の伊都高校水泳部の田村美佐子さん，青木政代さんも出場されている。当時の伊都高校は水泳強豪校であり，1956年のメルボルンオリンピックには，大高幸子さんが上述の古川勝さんとともに同郷出場された。1960年のローマオリンピックには，卒業生の中坊昌美さん，高松好子さんが出場された。以上のように，災害とは無縁の平常時の紀ノ川には，水泳を楽しめる淵がたくさんあり，水泳王国和歌山を支えていた。その複雑な河川地形は，災害が作り上げたものだ。残念なことに，現在の紀ノ川は水泳を楽しめる水質であるとは言い難い。昭和35年（1960年）に前畑・小島プールが閉鎖された際の理由も川の水質悪化であった。おそらく，前畑さんはじめ，偉大なスイマーたちが幼少の頃に泳いでいた時代には，水中で目を開けられる程の清流であったことだろう。

4．学校の存続と新設

（1）最後はひとりになった山奥の学校　—久保小学校，古澤小学校

　紀ノ川の支流丹生川左岸の山間部，現在の九度山町の中央部に久保小学校がある。橋本市から市平，久保，黒河を越えて高野町に至る高野参詣道「黒河道（くろこみち）」のほぼ中間点にあたる山奥に位置し，山の中にたたずむ木造の可愛らしい校舎だ。

　かつては，久保鉱山（銅山。発見は1913年（大正2年）で翌年より採掘）で栄え，最盛期（大正8～11年くらい）には，多くの飯場が立ち並び，大勢の鉱夫の子どもたちが久保小学校に通い，小学校の児童数は120人ほどもいた。しかし，大正末期には鉱山は閉山。山を下りる親とともに児童は減少し続け，昭和初期には60人ほどと最盛期の半分になった。昭和10年（1935年）に新校舎が落成したが，この時は保護者や住民がツルハシやクワをふるって土を掘り整地し，児童たちも総出で手伝い完成に至ったという。この新校舎は現在に残る校舎と同じデザインのおしゃれなたたずまいである。

　久保鉱山が廃鉱になると，子どもは地区から減っていき，ついには新入生がいなくなり，平成18年（2006年）より休校となっていたが，平成29年（2017年）の秋，自然の中で童話などを楽しむ子ども向けの学習施設「森の童話館」として再出発した。この「森の童話館」は，九度山町と和歌山大学が協力して設置したもので，冬の間は閉館となるが，春～秋にかけては，黒河道を歩く人の休憩施設としても利用されている。

　1棟だけの木造220㎡の校舎は，平成13年（2001年）に火災で全焼。理科実験室からの出火であったが原因は不明である。その時の在校児童は1人だけだったが，約1年半後に当時の外観そのままに木造校舎を再建した。

　学校は休校状態となると，再び開校することはほとんどない。過疎の山村で廃校に向かう未来が予測できながらも一人の児童のために校舎を新築し，しかも，元の校舎を再現新築したことに，地域の学校と児童にかける深い気持ちが伝わってくるようだ。

平成18年（2006年）に事実上の廃校となった久保小学校。平成13年（2001年）に火災になったが，たった一人の児童のために旧校舎をそのままに再現した新しい木造校舎。平成29年（2017年）に九度山町と和歌山大学が協力して「森の童話館」に改修する

　九度山町で，一人校になってしまった学校には前述の古澤小学校もあった。小学校は平成25年（2013年）に休校（事実上の廃校）となったが，その前年の在校生は1名だった。九度山町の町域は，真ん中に高野町をはさんだ蝶が羽を広げたような形状をしている。東側の「羽」部分の山村エリアに久保小学校があり，西側の「羽」部分の不動谷川添いに上古沢，中古沢，下古沢と細く続く集落を校区としたのが古澤小学校である。上古沢集落は，高野山に至る九度山町の南端であり，さらに上流の笠木には笠木分校があった（笠木分校の話題は，前段の「地すべりの井戸水」にも登場する）。このように山中の谷あいに通学区域を持つため，学校開設には大変苦労した。まず，初期のそれぞれの地区に開設した村落小学校は，教室も教師も不十分であり，教育制度が山村に定着するまでには多くの困難があった。

　明治22年（1889年）に市町村制が公布され，新しい地方自治制度が確立されたのに伴い，小学校令が改正された。この時に九度山村で設置する尋常小学校は，

九度山尋常小学校と古澤尋常小学校の2校と定められ，明治26年（1893年）に古澤尋常小学校として再出発となった。この時も，新校舎建築に際し校舎位置をめぐる地区間での意見の違いがあり，結局，町に近い下古澤に校地が決定。その代わり，上流部の笠木地区は下古澤の校舎建築費を分担しない，との約束になった。笠木には後に分校が作られ，昭和36年（1961年）に本校に合併するまで存続した。

明治末の山村の学校生活を伺うのに興味深い回想録がある。

「筒袖で木綿の縞の着物にわら草履で通学し，授業は小使いさんが手で振り鳴らすカランカランという鐘の音で始まった。授業は石版と石筆で勉強した。オルガンの弾き方やテニスも学んだ」などの様子が九度山町誌に記述されている。ノート代わりの石板は蝋石などで書き，布で拭いて消すもので，昭和10年代生まれの，和歌山県内のある山村の区長さんは小学校時代にまだ使っていたとのことであった。物資のない時代には漢字の練習や計算などの繰り返し練習には，書いては消せるから便利だし，考えようによってはとてもエコロジカルな文具だ。

昭和36年（1961年）に廃校となった笠木分校跡。現在は笠木児童館となっている

古澤小学校は，開校時の困難を超えて，明治44年（1911年）に校舎を増築。その新築落成式には，郡長はじめ，警官，町民も多数出席して盛大な式を行い，式後には学芸会，祝賀宴会，餅撒き，夜には花火，そして翌日には盛大に運動会を実施している。それは「来観者数百…未曾有ノ賑ヒヲナス」（『九度山町誌史料編』）と記録されている。開校時の困難を超え，この頃には，学校は地区の重要な場所として存在価値を確立していっていた。この時の校地は，南海高野線の下古沢駅すぐ下の高台で，現在は住宅地に分譲されている。

　その本校も，半世紀後の平成25年（2013年）に事実上の廃校となった。廃校の前年には在校生が1名であった。最後までその1名の在校生を地域で守り抜いた学校の自尊心が見えるようだ。

　久保小学校，古澤小学校の沿革からは，山奥の学校生活の断章を垣間見ることができる。そこにあるのは，「地域の中心」としての学校の存在である。学校こそは「地域」であり，町から遠隔の地とはいえ，住民がその地に生きる意味そのものであったのかもしれない。

（2）統合と独立に揺れた北又村，東郷村組合立小学校の変遷

①半年ごとの交替授業

　高野山への参詣道の中間にある山間の九度山町の久保小学校は，上項でも紹介したが，北又村と東郷村の組合立小学校として誕生した学校だった。山路を隔てて存在する辺鄙な村の学校は，統合と独立に揺れながら変遷してきた歴史をもっている。

　久保小学校の位置は東の北俣と西の東郷をつなぐ非常に急坂な峠の頂上にある。ここから南100mの丘の上にある薬師堂を校舎として明治9年（1876年），北俣村と東郷村の組合立小学校として開校。久保に置かれたことから久保小学校と称した。明治9年以前には両村に簡易小学校があった。薬師堂の校舎には20人ほどが通っていたが，小さな火鉢しか暖房がなく，雪が降る山間の学校は寒く，震えながら授業を受ける児童のために，お昼休みには近所の民家が熱いお茶を入れ囲炉裏を解放してくれたという。

　北又村と東郷村はその後の町村合併により河根村の大字となるが，明治25年

第4部 風土と時代の中のまなびや

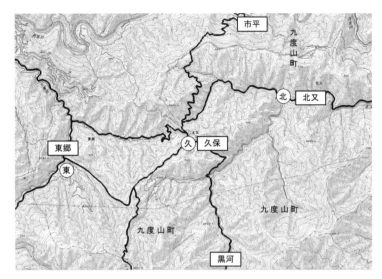

久保学校校区の位置関係（図内の○は学校の位置，太線は当時の道，地図は現在，地理院Web地図を改変）

(1892年)，東郷区は北又区との組合を解消し東郷尋常小学校を開設する。

　久保小学校は北又小学校に改称されていたが，東郷に一足遅れて簡易小学校から尋常小学校になり，この時に北部の市平区も校区となった。それに先立ち，久保から東に2kmほど離れていた北又にも校舎が新築され，尋常小学校になってからも久保の薬師堂校舎と北又新校舎の半年交替授業は継続していた。1人の教師しかいなかったため，児童が半月毎にそれぞれの校舎に通う交替授業の形式であった。しかし，半月毎の交替授業は不便なため，明治32年（1899年），北又と久保で統一の新校舎を建築する計画が立てられた。新校舎は久保に新校舎を建てることで決定し，建設費500円のうち，建設地である久保組が70％を持ち，残り30％を黒河組（廃村）からの1戸10円の賦課金および寄付で集めるとの約定証が交わされた。だが，新校舎の建設計画は実現しなかった。

　校舎の位置について，久保，北又どちらの区も通学に有利な校地を主張し譲らなかったためである。2年にわたり数十回の話合いがなされたが合意に至らなかった。特に北部の市平区にとっては通学が現状よりもはるかに遠く不便になるという事情があった。その結果，明治34年（1901年），村の北部〜東部側の北又，川口，柿平，市平を校区とする学校と南部の久保と黒河を校区とする学校の2校

211

北又校舎のあった位置（北又子ども広場）

東郷小学校（東光院）

を新築することにしたのである。ここにおいて，北又村東郷村村立小学校で始まった学校は，先に独立していた東郷に次いで，北俣，久保も独立することになった。ところが，久保と北又は，後述するように明治41年（1908年）に再統合する。

　なお，校区であった黒河は髙野への参詣道である黒河道の要所として栄えたが，昭和30年頃までには住む人がいなくなり廃村となっている。

②倹約寄付金

　明治時代，学校の建設費や運営費は，地域の自助努力によって捻出しなければならなかった。村の組合立小学区として始まったが，明治25年（1892年）と明治34年（1901年）の2段階で分立した北又，久保，東郷の3小学校は学校の運営費を捻出するために「倹約寄付金積立ノ法」を定め学校基本金の積立の申し合わせをしている。その方法は，各講からの積立のほか，婚姻，出産，法事に際し一定の酒代を拠出するなど。たとえば初めての子の出産では，酒三升の拠出としていたが，後に金50銭出すと改訂されている。

　出産も死も，人間の命の交代の節目である。その節目に後の子どもを育てる教育費に一定の額を還元することは，地域と学校の存続のために理にかなった方法だといえる。

　また，東郷区では，共有山を30人に貸し出し，収益を学校資金としている。それぞれに学校資金調達に知恵を絞りながらも，3校の連携は深く，運動会や身体検査，教員研修，証書授与式などは3校持ち回りで共同開催していた。

③さらに統合へ。神社を残すか学校を残すか…

　北又小学校は，明治41年（1908年）に久保小学校に再統合した。背景には，明治40年（1907年）小学校令改正により義務教育が6年になったことがあった。久保や北又のような小規模校は1学級編成であることが求められ，それでは，1年生から6年生を一人の教師が同じ教室で授業するということになり，教育上無理があるため2学級にする必要があった。そこで久保小学校と北又小学校は合併することになり，校舎は久保の校地と決まった。その代わり久保から北又に譲歩金516円が支払われた。こうして新たな久保尋常小学校が誕生した。

　さらに明治44年（1911年）には，東郷小学校も19年ぶりに久保小学校に再統合され，東郷は廃校となった。ここには神社の合祀問題もからんでいた。明治

東郷丹生神社。学校が置かれた東光院の直上に鎮座。この地域の祭神として多い丹生都比売（にゅうつひめ）神を祀る

末には神社の合祀政策が盛んに行われ、東郷の丹生神社の合祀問題が浮上していた。神社の合祀については、氏神が地区から離れることへの抵抗から反対運動もあった。和歌山県の偉人、南方熊楠も特に天然資源の宝庫である神社林の保護の観点から合祀に強く反対をしたことが知られている。

　東郷区では、小学校を久保小学校に併合するかわりに、神社を東郷の丹生神社に統合する、という案が出ていた。これには、小学校は久保に行っても、神社は東郷に残す、という年配者の意見と、神社は遠くなっても小学校は地区に必要、という若い世代との対立があったという。神社も学校も地域の共同体の要として大切な存在であった。明治末には、神社も小学校も合理化政策の中で、非常に悩ましい選択をしなければならなかった。

　東郷は結局、東郷丹生神社を地区に存続させ、北又の丹生神社など近隣の神社を合祀した。その代わり、東郷尋常小学校は久保尋常小学校に統合され廃校の道を選んだのである。

（3）小学校の灯を消すな，山村留学で延命をはかった小学校
―新城（しんじょう）小学校，鞆淵小学校

　高野山西麓に源を発する貴志川上流部の山村，かつらぎ町の新城地区は50戸余りでしかもその半数近くが一人暮らし，という典型的な過疎高齢の地区である。川の右岸，山のすぐ下に建っていた赤い屋根の木造の小さな小学校が，平成24年（2012年）に廃校になった新城小学校であった。

　新城小学校は，都会の子どもを一定期間預かり自然の中で育てる山村留学のパイオニアとして有名な学校である。発端は新城小学校の児童数の激減に対する打開策だった。この山の学校にも，かつては児童数が100名という時代もあったが，地区は昭和30年代をピークに過疎化の一途をたどり，当然，子どもの人数も減り，昭和56年（1981年）には全児童数はついに5人となってしまった。新城小学校は存亡の危機に立たされた。

　学校がなくなれば，地域に若い人が定住しなくなる。つまりは新城地区が風前の灯という危機である。そこで「小学校の灯を消すな」と立ち上がったのは，区長を中心とした住民たちだった。数々の議論を経て選択したのが，都会から小学生を留学生として受け入れる里親運動。自然の中での生活を体験させながら，小学校の存続をはかるとともに村も活気をとり戻そうという計画である。

　昭和57年（1982年）4月，移住組を含めた12名の都会っ子が新城小学校にやってきた。運動の声があがってから1年未満での実現である。小学校存続にかける住民たちの想いがどれほど強く，熱心に実現への行動をしたのかがわかる。

　平6年（1994年），筆者は新城地区に最初の調査で訪れた。山村留学制度の開始から12年が過ぎた頃である。新城小学校には28名の児童がおり，内訳は留学生が17名，移住・Uターン家庭の子どもが4人，地元の子ども7名であった。児童数が増え，村に活気が戻るとともに地元の子どもが増えてきたのである。留学生は里親の家か留学センターで集団生活を行い，村の子として日常生活を営みながら小学校に通っていた。区長は，センター長であり当時は集団生活をする13名を預かる父親でもあった。

　筆者は子どもたちの川遊びにつきあったり，釣った魚の武勇伝を聞いたり，「内緒やで」と言いながら「特別に」山の秘密基地に案内してくれたり，と元気いっぱいの子どもたちの大歓迎を受けた。都会では身体が弱く内気だった，という子

新城小学校（木造校舎，2013年撮影）

が，薬いらずの身体となり，遊びの技に長けた頼もしい姿で，皆とともに新城の里を駆け回っていた。

　山村留学制度を率先して進めた当時の区長の言葉が印象に残っている。

　「今の都会の社会環境で，自信をもって次代を託せるような子どもを育成しとるんか」。当時，テレビゲーム機が登場し，子どもを虜にしてしまう傾向が始まっていた。新城の里親運動には，豊かな自然環境と人情が残っている田舎の暮らしこそが，子どもの心と身体の豊かな成長を助ける，という強い信念があった。小学校の延命をはかり，地区の活性化につなげ，そして，体力と自立心ある子どもを育成する，つまり，学校（地域）にも，都会の子（親）にも，社会の未来にとっても有意義である，という「三方よし」の精神があったといえるだろう。

　新城の山村留学は30年間で300人近くの子どもを受け入れ，今や大人となった「卒業生」はすっかり高齢になった里親さんを折々に訪ねてくる。大阪から電車で1時間半，高野山の麓の紀伊細川駅から徒歩2時間の山道を歩いて「帰ってくる」卒業生もいるという。彼や彼女らにとって，ここで過ごした数年は，人生のかけがえのない「故郷」そのものなのだろう。

第4部　風土と時代の中のまなびや

平成6年（1994年）に筆者が訪れた新城小学校と山村留学生

　新城の山村留学は，平成24年（2012年），新城小学校の廃校とともに30年の歴史を閉じた。山村留学を引っ張ってきた元区長さんも90歳を超えた。集落の高齢化の中で，住民の体力の限界とともに山村留学の取り組みも潰え，ついには廃校となった。かつての校舎は，今では新築の公民館に建て替えられている。こ

新城小学校跡地（新しく建て直された公民館）

の間，全国の農山村では著しい高齢化の波を受け，「限界集落」や「消滅集落」という言葉さえいわれるようになった。若い後継者がいない，農林水産業の衰退，コミュニティ維持や買い物など生活維持の困難さ…地域の課題は，新城だけではなく日本中の普遍的な問題となっている。

　紀の川市南部の山間部，飯盛山の南麓に位置する鞆淵小中学校も，昭和62年（1987年）より山村留学を開始した。昭和30年代には人口2,100人，世帯数450戸を超えており小学校の児童数は約300名，中学校の生徒数も180名近くあった。2016年現在の世帯数は約半数の246戸，人口は1/4近くの567人にまで激減している。戸数に比べ人口減が激しいのは，高齢核家族が増えているということに他ならない。当初は地区の家庭が里親として子どもたちを受け入れていたが，昭和52年（1977年）に廃校となった鞆淵小学校下分校のグラウンドに，平成4年（1992年）に山村留学センターを新築。留学生たちはここで寄宿舎生活を送っている。また，現在は，下分校の旧講堂は下鞆淵集会所として利用されている。とても愛らしい木造建築物であるが，長年の風雨にさらされた結果，その状態は良いとはいえず，心配される。

鞆淵小学校への留学生は，平成29年（2017年）までの30年間で小学校児童47名，中学生99名の計146名となった。しかし，平成29年（2017年）7月現在，鞆淵小中学校の全児童，生徒数は，小学校7名，中学校8名となっている。平成22年度（2010年）以降は小学生の留学生はゼロとなり，中学生の留学生も少なくなった。募集は継続しているものの，存続が危ぶまれている。

　1980年代から30年間は，都会の子どもたちを受け入れ，地域活性化に貢献しようという住民の力もまだ強かった。地域が縮小化しているとはいえ，先に述べた新城では，里親になって山村留学の「伝統」や「マインド」を受け次いでいる若い世代が出てきており，同時に小学校を拠点にした地域の活性化を住民らが模索，さまざまにチャレンジをし始めている。鞆淵小学校でも自然体験や農林業体験ができる小人数教育のメリットを打ちだし，積極的に山村留学を継続的に募集している。山村活性化のためにアイデアを出し，地区の先頭を切って走ってきた先人から世代交代が起ころうとしている。山村の次の世代はまだ，あきらめてはいない。

鞆淵下分校（留学生の宿舎に使われた）

（4）教室がない，新制中学校のドタバタ

　現在の中学校が，新制中学として発足したのは，敗戦後の昭和21年（1946年）4月のこと。昭和20年（1945年）8月，国民に悲惨な犠牲を残して終戦を迎えた我が国の公的教育は全く機能していなかった。児童や生徒は，深刻な食糧難の中で食糧生産のための作業，疎開などで授業どころではなかった。文部省は，9月には「新日本建設の教育方針」を発表。ここでは，「従来ノ戦争遂行ノ要請ニ基ク教育施策ヲ一掃シテ，文化国家・道義国家建設ノ根基ニ培フ文教諸施策ノ実行」との考えを示し，全国に徹底した。戦後の混乱の最中での早急な学校の再開がめざされた。

　これに，翌21年4月，連合国軍最高司令官総司令部（GHQ）の具体的な教育施策が示され，その中で，3年制の無月謝，男女共学の義務教育としての新制中学の設置などが示された。同年の秋，11月末に内閣で組織された委員会から新学制などに関する多くの建議が出され，これにより昭和22年（1946年）4月，学校教育法に基づく新しい学制により小学校と中学校が発足した。委員会建議から教育基本法，学校教育法（昭和22年3月31日公布）まで3か月ほどしかなく，この間に急ぎ，中学校の開設をおこなわなければならなかった。

　また，従来の公立中等学校は県内に57校（中学校11，高等女学校16，実業学校30）あったが，これについては従来の校舎を活用して，21校に統合され，昭和23年（1948）年5月10日に男女共学、3年制の新制高校として開校した。この時高等学校の学区制が引かれたため，友達と離れるなど歓迎されない声もあったようである。たとえば，野球の強豪校であった海草中学（向陽高校となる）の生徒が学区制により桐蔭高校に進み，この年8月の全国高等学校野球選手権大会で準優勝するが，桐蔭ナインの6人まで元海草中学生だったというようなことも起こっている。

　新制中学校の開設については，1町村1校，1学校1学区（事情がある場合は市町村組合立も認める），校地校舎の独立が原則とされ，青年学校校舎や高等科教室の活用が予定されたが，それでは中学生319万人の半分しか収容できないと見込まれ，しかも当てにしていた国庫補助金はほとんど期待できず，それでも3か月後には開校せねばならなかった。

　校地校舎の独立設置が原則とされながら，中学校の船出は困難を極めた。やは

り校舎が準備できなかったのである。財政補助がないことと，新入学までの期間が少なく，地域で早急に，自己資金もなく校地を手当てすることは難しかった。

ほとんどの中学校が小学校の校舎を間借りし，また公民館や民間の施設や寺などを借用しての分散授業での開始となった。会社の事務所，蚕小屋や農機具庫までが校舎に充てられた。校舎を求めて移転を繰り返したり，しかたなく土間で授業を行ったところもあった。全国には，新学制を巡っての苦労が絶えず，そのために辞職した市町村長や町村議員，さらに自ら命を絶った村長までいたという。このあたりの情勢は，我が国に小学校制度が導入された頃，「各自奮テ私財ヲ出シ，以テ大ニ学舎ヲ起スベシ」（明治6年和歌山県布達），とされた学制発足時と似ている。

和歌山県では，当時，4市30町172村の合計206市町村であったが，197校の中学校が発足し，昭和22年（1947年）4月現在で独立校舎を準備できたのは6校のみだった。176校が小学校内で発足し，それ以外は，青年学校や神社社務所や民間の施設などであった。また，組合立中学校は，那賀郡の貴志，岩出，荒川，風猛（ふうもう，粉河），応神（名手），海草郡の紀伊，不動，有田郡の吉備，文成（宮原），日高郡の由良港，大成，西牟婁郡の会津，富田第一，富田第二の14校であった（郡は当時）。これらの中で，廃校となったのは不動中学校（野上町美里村組合立）だけで，残りは今も現役校である。ただし，ほとんどが単独の市町村立となっている。大成中学校だけは，現在も御坊市と日高川町の組合立中学校である。

中学校建設には，地区の財力が「もの」をいい，東牟婁郡の宇久井村（現那智勝浦町）では昭和22年にブリの大豊漁となり，この時の水揚げは600万円となり，新制中学校の建築工費200万円は「ブリの臓物代」だけでまかなえたという。浜にあふれるほどの大漁により村は一挙に潤う，漁村ならではの景気のよい話も例外的にあった。

本書の第2部「災害履歴のある学校」に登場する現在の有田川町にあった五西月村立五西月中学校は，五西月小学校の教室や青年学校の裁縫教室の間借り，住民の家の蚕室や町の村役場の近くの質屋を改造して4教室で分散授業を行った。

組合立中学校として発足した紀伊中学は，有功（いさお）村，直川（のうがわ）村，紀伊村，山口村，川永村の五村の組合立で，田井ノ瀬青年学校に2，3年生が通学し，1年生はそれぞれの小学校に通学するという分散授業を行った。その

大成中学校の旧校地。体育館は現存。学校は北側の山上に移転

後，各村民らが，建築資金を集めるために「六・三制郵便貯金」の拠出をするなどに努め，昭和24年（1949年），現在地に校舎が完成し移転することができた。学校建設には民間の寄付や勤労奉仕に依存する部分が大きかった。

　学校建設に功労したとして一人の少女の美談が記録されている。

　日高川町川上村第一中学（現在は美山中学校に統合）2年のTさんは，父親が戦死し，母親と弟妹の4人暮らしだが，自分で学費をまかなうために，毎朝登校前に10町離れた炭焼き小屋から4貫の木炭を背負って運び，自分の学費を作っていたが，村の財政が困り第一中学の建設が進まないのを心配し，自分の全貯金300円を中学建設資金に差し出した。この熱意が村民を動かしたちまちに資金が集まり校舎が完成した，というものである。

　彼女は，団体などに混じり，中学校建設の功労者として国の冊子に紹介された。それほどに中学校建設には自己努力による責務が課せられていた。

　和歌山市の紀伊水道に面した加太中学校の場合は，昭和22年（1947年），新学制による中学校として加太小学校内に併置して，海草郡加太町立加太中学校として発足した。6学級198名だった。同年，加太の市街地から北部，淡路島との

第4部　風土と時代の中のまなびや

加太中学校旧校地跡。今ではオートキャンプ場になっている

海峡，紀淡海峡を臨む深山地区にあった深山兵舎を改造し移転した。深山には日露戦争（明治37－38年，1904－1905）に備えて組織された深山銃砲兵連隊が配備駐屯されていた。明治32年（1899年）に防衛上重要地点としての要塞の区域を指定する要塞地法が公布され，海草郡加太町と西脇野村（現和歌山市西脇）もこれに編入されたためである。連隊は，太平洋戦争の終戦まで編成や名称を変えながら紀淡海峡の防衛を目的として置かれていたようである。

　加太中学校は，昭和27年（1952年），加太の中心地の東に校舎を移転し現在に至っている。深山銃砲兵連隊跡にあった中学校の旧校地は現在，加太休暇村のキャンプ場になっている。

　当時の中学校に通学していた男性へのインタビューでは，「深山兵舎の敷地は非常に広く，現在の集会場とテニスコートの付近は将校の宿舎で，駐車場の付近が兵隊の寄宿舎であった。敷地の最北部の道沿いに兵舎があり，そこが中学校として利用されていた。戦後，まもなく進駐軍がやって来て，砲台をダイナマイトで爆破した。凄い音だった。戦時中，砲台は，敵機を落とせないような役立たずだと地元では馬鹿にされていた。その理由は，深山地区に空襲があり，5名程の

民間人が亡くなったことにあろう」とのことであった。

　昭和20年（1945年）7月9日の米軍による和歌山大空襲で、一夜のうちに焼け野原となった和歌山市中心部の中学校は悲惨な教育環境だった。

　城東中学校は、校区内の大新小学校、広瀬小学校、新南小学校が戦災で消失していたため、校舎として使える場も集合する場所さえない状況だった。和歌山大学附属小学校講堂で開校式、入学式を実施し、ようやく借りることができた工場倉庫に生徒262名、職員11名を収容し、倉庫を5教室に仕切って授業を開始した。翌年5月、旧和歌山中学校に移転。この時、新制度に従って旧和歌山中学3年生の生徒を新制中学に編入した。新校舎を美園町の現在地に建設し、全生徒が移転できたのは昭和26年（1950年）になってからのことであった。

　紀ノ川中学校は、生徒350人と教員13名の発足だったが、当初は鉄工場の一棟を借り仕切って教室としたが、机も椅子もなく、筵（むしろ）の上に座布団を敷いて授業を行ったと記録されている。紀ノ川中学校は定住の地を見つけることができないまま1年で廃校となり、生徒たちは伏虎（ふっこ）中学に移籍した。

現在の紀之川中学校の前身である紀ノ川中学校は、鉄工場の一棟を借りて授業を開始したが、定住の地が見つからず、1年で廃校。後に紀之川中学校として再出発した

第4部　風土と時代の中のまなびや

和歌山城から見た2005年時の伏虎中学校。和歌山城の目の前の校舎は，校舎に掲げられた「伏虎中学校」の大きな看板とともに街のランドマーク，シンボルであった。

　しかし，伏虎中学でも校舎難だった。和歌山国民学校高等科の校舎を使用することになっていたが，ここは戦災で校舎を焼かれた城北小学校が使用しており，1年生が和歌山工業学校の校舎，2，3年生は吹上小学校に分散して授業を行った。何れも教室に机や椅子が足りずに生徒は机なしで勉強したという。当時の市当局は「机や椅子はなくても勉強はできる」と言ったと記録されているが，落ち着いた勉強ができるわけはなかった。それでも，教室があるだけまだ「まし」だった。放浪のまま廃校となった紀ノ川中学の例があったからである。
　伏虎中学に移籍したはずの元紀ノ川中学校の生徒たちは，伏虎中学に合流することができず，中之島小学校，四箇郷小学校の仮校舎で授業を行った。そして，昭和28年（1953年），中之島，四箇郷小学校を校区として，中之島小学校を借用し和歌山市立紀之川中学校を創設。昭和29年（1954年）4月，中之島小学校講堂で開校式及び入学式を実施。同年10月，ようやく現在地に第1期校舎が完成し，定住地が決まらない波瀾の草創期を経て現在に至るのである。
　こうして中学校は，戦争の傷跡を生々しく残しながら，また学校創設に地域を

平成29年（2017年），旧城北小学校の敷地に小中一貫教育学校として開校した伏虎義務教育学校

あげて奔走しながら，慌ただしく整備，誕生した。

　和歌山市の中心街，和歌山城の前に置かれた伏虎中学校は，高度経済成長期には市中心部の中学校として市民に親しまれたが，近年のドーナツ化現象のため生徒が減少していった。校区の中では，より高いレベルの受験教育の機会を求め，私立中学校に進学する児童も増えていた。周辺の小学校も，同様に児童が減っていた。このため，本町小学校，城北小学校，雄湊（おのみなと）小学校と伏虎中学校が合併し，平成29年（2017年），城北小学校の敷地に小中一貫教育の伏虎義務教育学校が開校した。

5．神社とともに学んだ学校

　学校は，その多くがお寺から始まっている。寺子屋というのは，寺の学校を意味するものではなく，例えば庄屋さんなど民家の一室が教室の寺子屋もあったが，やはり，お寺の教室が多かった。明治になると，政府は各地に学校を作るよう指示するが，寺子屋を母体に学校にしたものが多かった。寺子屋には教室と教師がセットになっていたのだから，当然といえば当然のことだろう。学校の創立には，まずは教室の確保が重要で，当時の人々にとって学校というものが何なのか分からない状態であったため，いきなり新築とはいかず，結果，寺子屋を持っていたお寺が学校の創立場所となることが多くなった。それ以外でも，民家で創立したものもあり，さらに，神社の社務所や長床（ながとこ）を教室に充てた学校もあった。
　そのような，一時しのぎ的な教室のほとんどは，就学児の増加にともなって手狭となって別の場所に校舎を新築するようになるのだが，中には，学校が創立された場所の中で校舎を手当し，そのまま継続する学校もあった。山村の学校の中には，お寺やお宮さんの境内に校舎が建てられ，明治，大正，昭和と時を刻んだものが散見される。これらは，今でいう宗教法人が創立した私立学校ではなく，地域の事情で寺社が公立学校の校地に選ばれたということであるが，お宮さんの境内にある学校は，なぜか温かい雰囲気がある。その理由は定かではないが，古い時代の子どもの遊び場をイメージすると，お寺で遊ぶ子どもよりも，お宮さんで遊ぶ子どもの方が多いような印象がある。お寺は，むしろ学ぶ場であり，お宮さんには学びの要素はお寺よりは少なく，そのために，子どもと遊びのイメージがつながりやすいのかもしれない。
　本書の対象とした，和歌山県の紀北エリアの中で，お宮さんが校地内に祀られている現役の学校はかつらぎ町花園の梁瀬小学校（下花園神社）の１校を除き見つけられていないが，お宮さんと完全に隣接している小学校は和歌山市の有功（いさお）小学校（伊達（いたて）神社），宮小学校（旧校地，現在は日進中学校，日前（ひのくま）神社），岡崎小学校（熊野神社），紀の川市桃山の安楽川（あらかわ）小学校（神明神社），調月（つかつき）小学校（大歳神社），紀美野町美里の毛原小学校（丹生狩場神社），有田市の糸我（いとが）小学校（糸我稲荷神社），有田川町吉備の御霊（ごりょう）小学校（御霊神社），清水の八幡（やはた）小

学校（八幡神社），久野原小学校（岩倉神社），由良町の由良小学校（宇佐八幡神社），日高町の比井小学校（比井若一王子神社），日高川町美山の寒川（そうがわ）第一小学校（山の神），美浜町の松原小学校（松原王子神社）がある。これらの中で，お宮さんから始まった学校は，有功小学校，安楽川小学校，御霊小学校だけである。他は，お宮さんと隣接するお寺から始まったか，あるいは別の場所からお宮さんの隣接地に移転してきたかのいずれかである。

廃校となった学校の中でお宮さんと隣接する学校には，岩出市の山崎小学校境谷分校（日吉神社），有田川町金屋の上六川小学校（天石神社）がある。校地にお宮さんが祀られている学校には，紀の川市桃山の細野小学校（丹生神社），九度山町の丹生川小学校（丹生川丹生神社），古澤小学校笠木分校（氏神），高野町の花坂小学校（鳴川神社，現在地にあった廃寺の無量寺で創立），花坂小学校湯川分校（丹生神社），高野山小学校相ノ浦分校（丹生神社），高野山小学校大滝分校（大滝丹生神社），橋本市の山田小学校山田分校（一言主神社），海南市下津の大崎小学校（稲荷神社），有田川町金屋の谷小学校（八幡神社），広川町の津木小学校岩淵分校（妙見三輪神社）がある。

梁瀬小学校（下花園神社）

第4部　風土と時代の中のまなびや

丹生川小学校（丹生川丹生神社）
（九度山町）

山田小学校 山田分校（一言主神社）
（橋本市）

花坂小学校（成川神社）
（高野町）

花坂小学校 湯川分校（丹生神社）
（高野町）

高野山小学校 相ノ浦分校（丹生神社）
（高野町）

高野山小学校 大滝分校（大滝丹生神社）
（高野町）

学校の敷地内か隣接地にお宮さんが祀られている廃校（その1）

安楽川小学校（神明神社） 注
（紀の川市桃山町）

野田原小学校 旧校地（薄木神社）
（紀の川市桃山町）

細野小学校（丹生神社）
（紀の川市桃山町）

鞆淵小学校 下分校 旧校地（今宮大神）
（紀の川市鞆淵）

山崎小学校 境谷分校（日吉神社）
（岩出市）

大崎小学校（稲荷神社）
（海南市下津町）

学校の敷地内か隣接地にお宮さんが祀られている廃校（その2）
注：安楽川小学校は現役校

第4部　風土と時代の中のまなびや

志賀野小学校 旧校地（西野丹生神社）
（紀美野町）

真国小学校 旧校地（真国丹生神社）
（紀美野町）

国吉小学校 旧校地（熊野神社）
（紀美野町）

谷小学校（八幡神社）
（有田川町）

南広小学校 井関分校 旧校地（井関稲荷）
（広川町）

津木小学校 岩淵分校（妙見三輪神社）
（広川町）

学校の敷地内か隣接地にお宮さんが祀られている廃校（その3）

紀の川市桃山の野田原小学校の旧校地（薄木神社），粉河の鞆淵小学校下分校の旧校地（今宮大神），紀美野町美里の志賀野小学校の旧校地（西野丹生神社），真国小学校の旧校地（真国丹生神社），国吉小学校の旧校地（熊野神社），広川町の南広小学校井関分校の旧校地（井関稲荷）にも，敷地にお宮さんが祀られている。

　昭和22年（1947年）以降に創立された中学校の中でお宮さんと隣接する学校には，和歌山市の紀伊中学校（紀伊神社），紀の川市那賀の那賀中学校（名手八幡神社），かつらぎ町の天野中学校（廃校）（八幡神社），九度山町の九度山中学校（槙尾山明神社），紀美野町美里の美里中学校（十三神社），有田市の箕島中学校（箕嶋神社），湯浅町の湯浅中学校（顕国神社），御坊市の湯川中学校（湯川子安神社）があるが，これらは，お宮さんの境内で創立された学校とはいえないだろう。

　学校はお寺から始まったと受け止めている人は多いだろうが，上記のように，探してみると，お宮さんから始まった学校も意外に多い。平成23年（2011年）の東日本大震災の時，海岸沿いにある神社の中で，素盞嗚尊（スサノオ）をお祀

丹生都比売神を祀る神社の総本社である丹生都比売神社（かつらぎ町天野）

りしたお宮さんの多くが津波の被害を受けなかったことが発表され，人々を驚かせた。天照大御神をお祀りする神社の多くは津波に被災した。ご祭神には，それぞれの役割があり，土地や水，自然を司る素盞嗚尊を津波に洗われない地に祀ったことから，先人の土地を見抜く目の確からしさが指摘された。

　ちなみに，かつらぎ町天野の丹生都比売神社は，全国に約180社ある丹生都比売（にゅうつひめ）神を祀る神社の総本社で，世界遺産に認定されている。紀北にある学校の校地や隣接地に祀られている神社の主祭神の多くは丹生都比売神である。丹生都比売神は，「丹」すなわち朱砂（辰砂，朱色の硫化水銀）の採掘に携わる人々によって祀られたという説が有力だとされる一方で，水神だとみなす説もある。水神だとするならば「地区にとって大切な学校が災害に遭わないよう，水を司る丹生都比売神さんに守ってもらおう」という先人の意思があったのかもしれない。これは，確証のある話ではないが，学校のことを通じて先人たちと会話しているかのような気分になれるなら，さまざまな可能性を肯定する意義はあるのではなかろうか。

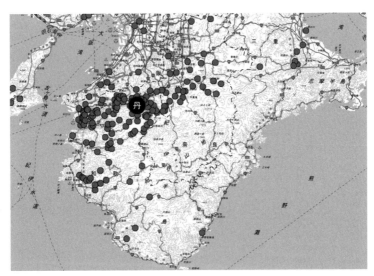

紀伊半島における丹生都比売神を祀る神社の分布（●）。丹生都比売神を祀る神社の総本社である丹生都比売神社（丹）（かつらぎ町天野）の周辺に特に多い

あとがき

　2011年9月，私たちは紀伊半島大水害の被災現場に立っていた。すでに被災時より2週間が経ち，町には静かな廃墟の趣さえあったが，土砂と倒木に埋もれた谷に独り立ち，慄然と谷の上部を見上げていた共著者の背を今でも覚えている。それは自然災害に対するあまりにも脆弱な人間のもろさを実感した瞬間であるし，それであれば，と，災害に抗する，というか共存する方法を探し出そうという決意の背中だったのかもしれない。

　それまで，私たちは地域資源の利活用による地産地消社会（低炭素型社会）について，地域現場での実証研究を始めており，これに関連しての防災研究は，自然を力で押さえ込む方法ではなく，むしろ，災害と共存する方法の探索となった。地産地消社会とは，土地の自然条件の中で，ものを作り食べて生きるための知恵を持った社会のことである。日本のほとんどが村であった時代，自然災害を避ける知恵を駆使し，かつ利用し，そして受忍してきたに違いない。それが社会というものの基本的な姿だろう，との仮説があった。

　こうして，防災拠点としての廃校研究は，単に広い校庭や校舎を避難所として利用する，という現実的な話を超えて，その場所に校地が選定された意味を探ることに踏み込んだ。そこには校地に「選ばれるだけ」の合理的な理由があったはずである。

　第1部では，紀北地域に残る木造校舎の廃校と校地について234校を写真で示した。刻々と朽ちていく木造校舎の姿を留め置くための，さらに校地の場所を記録するための地道な調査であった。

　第2部では，過去の災害履歴と現在のハザードマップと学校立地の関係性を分析した。たとえば，紀伊半島の山間部の集落や山が海岸部にまで迫っている海辺の集落は，土砂災害のリスクと常に背中あわせであるが，廃校，旧校地の8割近くが危険地域を避けて安全な場所に設置されていることがわかった。改めて先人の知恵に感服する結果となった。

　先人の経験知とはどのように獲得されるのであろうか。それは何代にも渡る生活の積み重ねの結果としか言いようがない。本書はまだ，研究の途上ではあるが，調査研究の過程で多くの先人の知恵に学ばせていただいた。また，第2部では，繰り返し災害に襲われてきた学校の姿を拾った。災害を受けた地域社

会の断章であるが，そこには災害と暮らしとのしたたかな共存が垣間見えた。

　第3部では，戦争もまた災害である，とのことから，戦争と学校に焦点を当てた。先の大戦においては，学校と児童，教員らは「銃後の」部隊として重要な役割をもっていたし，厳しい制約の中で，けなげに働く子どもたちの姿があった。戦時思想が満延する時局にも関わらずその根底には，子を育む空間としての学校の存在が常にあった。学校こそが地域の人々の拠り所である，ということを追体験することができた。

　悲惨な戦災の舞台となった和歌山市の，今ではすっかり快適な都市空間の下に，人々の生々しい息づかいが聞こえるような調査であった。できるならば，本書に登場する焼け跡の地に立っていただきたいと思う。

　第4部は，さまざまな学校生活のエピソードを記載した。廃校は全国で毎年500校規模で増え続けており，文部科学省の調査によると，平成14年度から平成27年度までに廃校になった公立学校は6,811校となっている。廃校舎の利活用が重要視されているが，少子化と並行して地域の人口減少が止まらない中で，廃校舎利活用にも限界があるのが実態である。第4部に登場した学校を取り巻く住民のエネルギーもまた，現在，廃校とともに大きな転換期を迎えているはずである。学校を核とした住民の自我や誇りは，今やどうなのであろうか。今後の研究課題としたい。

　さらに第4部では神社と学校についても研究結果をまとめた。神社（祭神が司る自然環境）と学校立地との関係について，ひとつの発見を示唆できたのではないかと考える。人々が地域の守り神に学校を「預けた」可能性は，とても夢があるものであった。「学校」は，その奥に沢山の意味をもっている。その発見の楽しさを読んでくださった方と少しでも共有できたらと願わずにはいられない。

2018年3月

著者識

謝　辞

　本書をとりまとめるに際しては，和歌山県の学校，社会，民俗，地理，災害に関する文献，和歌山県内の各市町村史，郡誌，県史，学校 100 年史を読み込んだ。その数は数百を超える。まずは，これらの貴重な文献資料を編纂された方々に感謝の意を表したい。また，現地調査ではインタビューに気軽に応じて下さった地元住民の皆さまをはじめ，資料の提供をいただいた学校，役所，和歌山大学の各位にも心よりお礼を申し上げたい。

　また出版を快く引き受けてくださった南方新社，お世話になった皆様にも深く感謝するものである。

著者プロフィール

中島敦司(なかしま あつし)
和歌山大学システム工学部教授。博士(学術)。三重大学生物資源研究科博士後期課程修了。専門は森林生態学,緑化工学。関心領域は砂漠緑化,地球温暖化,自然エネルギーから民俗(妖怪伝承,神道)までと幅広い。海外での自然保護研究とともに,地元研究にも強い関心を持ち,年間に50日間は和歌山県内のフィールドに出ている。共著書『熊野の廃校』(南方新社,2015),『砂漠史』(国立科学博物館叢書,2014),『アラブのなりわい生態系』(臨川書店,2013)など

湯崎真梨子(ゆざき まりこ)
和歌山大学産学連携イノベーションセンター客員教授,博士(学術),元和歌山大学教授。大阪府立大学人間文化学研究科博士後期課程修了。専門は農村社会学,地域再生学。関心領域は内発的発展,低炭素化社会など。年間50日は和歌山県内のフィールドに出る。著書『地産地消大学』(南方新社,2014)および同続編(2015),同続続編(2017),共著書『熊野の廃校』(南方新社,2015),『都市と農村—交流から協働へ』(日本経済評論社,2011),『紀の国わたし物語』(テクライツ,1998)など

本書は,和歌山県の学校,社会,民俗,地理,災害に関する文献,学校100年史,市町村誌など行政資料ほか,2000か所を超える現場への調査,インタビュー調査をもとに構成しました。

この研究は,日本学術振興会科学研究費助成金(挑戦的萌芽研究2016〜2017年度,研究題目「廃校/校地の立地価値の再評価と災害安全性の検討」,代表者・湯崎真梨子)の研究助成を受けています。

紀北の廃校
― 校地の災害安全性を中心に ―

発行日	2018年 3月20日 第1刷発行
著者	中島敦司・湯崎真梨子
発行者	向原祥隆
発行所	株式会社 南方新社
	〒892-0873 鹿児島市下田町292-1
	電話 099-248-5455
	振替 02070-3-27929
	URL http://www.nanpou.com/
	e-mail info@nanpou.com
印刷・製本	株式会社イースト朝日

乱丁・落丁はお取り替えします
ⓒ Nakashima Atsushi, Yuzaki Mariko 2018
Printed in Japan
ISBN978-4-86124-380-6 C0025